本当は謎がない「古代史」

【大活字版】

八幡和郎

目次

プロローグ～どうして古代史は〝謎だらけ〟なのだろうか

◇！「イデオロギー」と「商業主義」が古代史を歪める　19

◇！『日本書紀』『古事記』の神武以降は説得的な史書である　23

◇！「もしかして史観」「陰謀史観」「『プロジェクトX』史観」「歴史小説」の弊害　27

第一章　「旧石器捏造事件」と「週替わり世紀の発見」の不思議

◆！旧石器時代は日本人の歴史の始まりでない　33

ウソ　旧石器文化は日本で世界でも最先端の輝きを持った

本当　石器捏造事件で否定され現代日本にもつながらない

◆！三内丸山遺跡は縄文時代の歴史を書き換えていない　36

ウソ　三内丸山遺跡は大規模な縄文都市だった

本当　一五〇〇年にもわたる遺跡の総戸数を累計すべきでない

◆日本人は単一民族か　41
ウソ 黒い髪に象徴されるように日本人は単一民族だ
本当 日本人の容姿は驚くほどさまざまで雑多な民族だ
◆日本人の先祖は弥生人か縄文人か　46
ウソ 縄文人が農耕を学んで人口が増加した
本当 渡来人が日本人の主流であることは人類学の常識
◆孔子や始皇帝のころ我々の先祖は中国人だった　52
ウソ 弥生人は朝鮮半島の人々が移民してきた
本当 長江流域の稲作民が半島経由で来たのが主流では
◆日本語の正体は韓国語から枝分かれしたのでない　58
ウソ 日本語はどこの言語系統からも独立したユニークな言葉だ
本当 日本語は縄文人が使っていた単語を韓国語でつなぎ合わせたクレオール語だ

第二章　「神武東征」は記紀には書かれていなかった

◆神武天皇は日向から少人数で出奔した　69
ウソ　日向から神武天皇は大軍勢とともに東征に出発した
本当　わずか数人だけで日向をあとにしたとしか記紀には書いてない
◆北条早雲のように国盗りをした神武天皇　75
ウソ　神武天皇は大和で立派な国を建てた
本当　葛城地方など大和盆地南西部だけを支配しただけ
◆紀元節は建国の日というより天皇家の創業記念日だ　79
ウソ　二月一一日は日本国建国の日である
本当　のちに大企業に発展する零細企業の創立記念日のようなもの
◆欠史八代はそんなに不自然なことだろうか　83
ウソ　二代目以降が曖昧なのだから初代についての伝承も嘘だ
本当　はじめてその地にやってきた先祖だけ憶えているのはよくあること

第三章　畿内勢力が筑紫に初登場したのは邪馬台国が滅びてから

◆崇神天皇のもとで大和統一から本州中央部制圧へ　91

ウソ　崇神天皇の即位で葛城王朝から三輪王朝に皇統が交替した

本当　先進国三輪が後進国葛城を征服したなら葛城王朝の先祖は無視するはず

◆ヤマトタケルは関東と南九州を征服した　97

ウソ　邪馬台国は筑紫から大和に東遷した

本当　筑紫地方にはヤマトタケルも足を踏み入れられなかった

◆卑弥呼は九州の女酋長。神功皇太后こそ倭国初代女王　104

ウソ　神功皇太后は卑弥呼に着想を得た神話的な架空の人物である

本当　記紀における神功皇太后の業績は具体的で否定する理由がない

第四章　『魏志倭人伝』を外交文書として読めば真実は明白

◆中国の史書で信用できることとできないこと　112
ウソ　『魏志倭人伝』は中国の正史であるからその内容はすべて信用できる
本当　洛陽の都にいつ誰が来たとか報告があったか以外は信用性が低い

◆邪馬台国畿内説は中国に媚びへつらう自虐史観の産物だ　118
ウソ　纒向王国が三世紀の日本で最も栄えていたので邪馬台国に違いない
本当　九州に邪馬台国があったころ畿内にもっと栄えたクニがあった

◆『日本書紀』と中国の史書との年代を調整する　128
ウソ　『日本書紀』に書かれている年代はでたらめで使い物にならない
本当　世代の数は本当だと考えればだいたいの計算はできる

◆出雲神話が記紀で重要視された理由　133
ウソ　高千穂峰降臨以来の日向神話に出雲神話が採り入れられた
本当　出雲・大和神話のなかに日向の神々が付け加えられた

第五章　継体天皇が新王朝を創った可能性はない

◆騎馬民族説は応神天皇＝八幡神という虚像の上に組み立てられた　145
ウソ　応神天皇は古来から武運の神であるとされ崇拝された大帝である
本当　八幡信仰と習合したのは平安時代からで記紀では評価が低い
◆儒教が広まってから評価が高まった仁徳天皇　150
ウソ　仁政を行い世界最大の墳墓に眠る名君
本当　竈の煙の逸話は記紀で重視されてないし大仙古墳が仁徳陵かは不明
◆ロボットにすぎない継体天皇が新王朝の創始者のはずがない　157
ウソ　継体天皇は越前から出て新王朝を立てた
本当　それなら記紀はどうして英雄として描かなかったのか
◆推古天皇は本当に最初の女帝なのだろうか　166
ウソ　推古天皇は蘇我馬子が強引に過去の例を破って女帝にした
本当　それまでも事実上の女帝はいたが制度として確立していなかっただけだ

第六章　中国の混乱と大和朝廷必死の外交戦略

◆任那問題〜日本と朝鮮半島の対等な関係は歴史上存在しなかった　175

ウソ　朝鮮のような先進国が日本の支配下に置かれたはずがない

本当　任那日本府という名称はともかく朝鮮半島に日本支配地域はあった

◆倭の五王の使節は中国に朝貢したのか中国が日本に朝貢したのか　182

ウソ　中国南朝に朝貢して称号をもらうことで朝鮮半島での勢力拡大に成功した

本当　九州の出先の判断で使節を送ったが役に立たなかったので沙汰止みに

◆遣隋使は対等外交を主張したのか　189

ウソ　隋の煬帝を怒らせて失敗に

本当　高句麗をめぐる隋の弱い立場につけ込んで成功

第七章　「聖徳太子架空説」と「天武朝の過大評価」を嗤う

◆「天皇」と「日本」の始まりは天武天皇の発明か　199
ウソ　天皇という称号は天武天皇のころ突然に使われ出した
本当　「治天下大王」という言い方の漢語的表現として徐々に定着した

◆聖徳太子架空説は太子が蘇我系であることを無視した空論　203
ウソ　蘇我氏を滅ぼした天智・天武が馬子の功績を聖徳太子のものにした
本当　天智・天武は用明系の聖徳太子と対立した敏達系で持ち上げる動機がない

◆大化の改新の歴史的意義は疑う余地がない　212
ウソ　天武天皇こそ律令国家を確立した偉大な大帝だった
本当　皇室の歴史で重んじられたのは天智天皇である

◆藤原不比等を律令国家の建設者として過大評価すべきでない　221
ウソ　不比等の功績が大きかったので光明子は皇后になった
本当　光明皇后は母橘三千代の力と本人の抜群の能力で実現した

◆大仏開眼のような巨大公共事業とイベントこそ価値ある投資　229
ウソ　大仏や国分寺の造営は無駄で人民を苦しめた悪政だ
本当　千年も人々の心のより所となり今日も観光資源として役立っている
◆藤原仲麻呂の中国化政策は愚作か深慮か　233
ウソ　恵美押勝は中国かぶれの浅はかなお調子者だ
本当　安禄山の変に呼応して日本の地位向上を図ったすぐれた政治家

第八章　「唐の落日」とともに「日本の古代」も終わった

◆光仁天皇の即位は天武朝から天智朝への回帰でない　243
ウソ　天武系が称徳女帝で断絶し天智系に皇位が戻った
本当　皇位継承候補者はずっと天智・天武両方の縁者だった
◆平城京のような立派な都からどうして遷都したのか　250
ウソ　奈良の巨大寺院など仏教界の影響から抜け出すためだ
本当　職住近接の徹底による官僚制の確立と水運の便が理由だ

◆桓武天皇が百済王室の血を引いていることの意味 257
ウソ 桓武天皇の母が百済王室出身であることは半島の影響力の大きさの象徴
本当 百済王室の出身でも下級貴族でしかなかったことに注目

◆平安時代になってから唐への憧れは最高潮を迎えた 265
ウソ 平安遷都の結果、唐の模倣を止め国風文化が栄えた
本当 藤原時代になってから鎖国的体制に移行して唐の影響は少なくなった

◆遣唐使の廃止と古代の終焉 270
ウソ 律令体制は貴族や寺社が荘園を創ったので破綻した
本当 国際的な脅威がなくなったのでローコストで安直な体制で間に合わせた

エピローグ～古代の終焉から現代人が学ぶべきこと
◇日中韓の交流が低調だった武士の時代 279
◇中国の領土主張を歴史から分析する 281
◇古代史の諸問題は現代につながっている 283

歴代天皇一覧（古代のみ）

	天皇名	即位年	即位年齢	退位年齢	皇居	外祖父	皇后（または夫）	皇后父
1	神武（ジンム）	1〜2世紀	52	127	畝傍橿原宮	海神豊玉彦	五十鈴媛命	事代主神
2	綏靖（スイゼイ）	1〜2世紀	52	84	葛城高丘宮	事代主神	五十鈴依媛命	事代主神
3	安寧（アンネイ）	1〜2世紀	29	57	片塩浮穴宮	事代主神	渟名底仲媛命	鴨王
4	懿徳（イトク）	1〜2世紀	44	77	軽曲峡宮	鴨王	天豊津媛命	兄・息石耳命
5	孝昭（コウショウ）	2世紀	32	114	掖上池心宮	息石耳命	世襲足媛命	兄・瀛津世襲
6	孝安（コウアン）	2世紀	36	137	室秋津島宮	兄・瀛津世襲	押媛命	兄・天足彦国押人命
7	孝霊（コウレイ）	2世紀	53	128	黒田廬戸宮	天足彦国押人命	細媛命	磯城県主大目
8	孝元（コウゲン）	3世紀前	60	116	軽境原宮	磯城県主人命	欝色謎命	兄・欝色雄命
9	開化（カイカ）	3世紀前	51	111	春日率川宮	兄・欝色雄命	伊香色謎命	大綜麻杵命（物部）
10	崇神（スジン）	3世紀中	52	119	磯城瑞籬宮	大綜麻杵命	御間城姫	大彦命（父の兄）
11	垂仁（スイニン）	3世紀後	41	139	纒向珠城宮	大彦命	狭穂姫命	彦坐王（崇神の弟）
							日葉酢媛命	丹波道主命（開化の孫）
12	景行（ケイコウ）	300頃	84	143	纒向日代宮	丹波道主命王	播磨稲日大郎命	稚武彦命（孝霊の子）
							八坂入姫命	八坂入彦命（崇神の子）
13	成務（セイム）	4世紀前	48	107	志賀高穴穂宮	八坂入彦命	—	—
14	仲哀（チユウアイ）	4世紀中	？	？	志賀高穴穂宮	垂仁天皇	神功皇后	気長宿禰王（開化玄孫）

	天皇名	即位年	即位年齢	退位年齢	皇居	外祖父	皇后（または夫）	皇后父
15	応神（オウジン）	4世紀後	71	111	軽島豊明宮	気長宿禰王	仲姫命	品陀真若王（景行の孫）
16	仁徳（ニントク）	400頃	57	143	難波高津宮	品陀真若王	磐之媛命 八田皇女	葛城襲津彦 応神天皇
17	履中（リチュウ）	5世紀前半	?	?	磐余稚桜宮	葛城襲津彦	草香幡梭皇女	応神天皇
18	反正（ハンゼイ）	5世紀前半	?	?	丹比柴籬宮	葛城襲津彦	―	―
19	允恭（インギョウ）	440頃	?	?	遠飛鳥宮	葛城襲津彦	忍坂大中姫命	稚野毛二派皇子（応神の子）
20	安康（アンコウ）	450頃	53	56	石上穴穂宮	稚野毛二派皇子	中蒂姫命	履中天皇
21	雄略（ユウリャク）	460頃	39	62	泊瀬朝倉宮	稚野毛二派皇子	草香幡梭姫皇子	仁徳天皇
22	清寧（セイネイ）	5世紀末	37	41	磐余甕栗宮	葛城円	―	―
23	顕宗（ケンソウ）	5世紀末	36	38	近飛鳥八釣宮	葛城蟻臣	難波小野王	丘稚子王（雄略の孫）
24	仁賢（ニンケン）	5世紀末	40	50	石上広高宮	葛城蟻臣	春日大娘皇女	雄略天皇
25	武烈（ブレツ）	5世紀末	10	18	泊瀬列城宮	雄略天皇	春日娘子	不明
26	継体（ケイタイ）	507	58	82	磐余玉穂宮	乎波智君（応神氏子孫）	手白香皇女	仁賢天皇
27	安閑（アンカン）	530年代	66	70	勾金橋宮	尾張草香	春日山田皇女	仁賢天皇
28	宣化（センカ）	530年代	69	73	檜隈廬入野宮	尾張草香	橘仲皇女	仁賢天皇
29	欽明（キンメイ）	530年代	31	63	磯城島金刺宮	仁賢天皇	石姫皇女	宣化天皇
30	敏達（ビタツ）	572	35	48	百済大井宮 他	宣化天皇	広姫 額田部皇女（推古天皇）	息長真手王 欽明天皇
31	用明（ヨウメイ）	585	46	48	磐余池辺双槻宮	蘇我稲目	穴穂部皇女	欽明天皇
32	崇峻（スシュン）	587	?	?	倉橋柴垣宮	蘇我稲目	―	―

33	推古（スイコ）	592	39	75	豊浦宮	蘇我稲目	―	―
34	舒明（ジョメイ）	629	37	49	飛鳥岡本宮	敏達天皇	宝皇女（皇極天皇）	茅渟王（敏達の孫）
35	皇極（コウギョク）	642	49	52	飛鳥板蓋宮	桜井皇子	（舒明天皇）	―
36	孝徳（コウトク）	645	50	59	難波長柄豊碕宮	桜井皇子	間人皇女	舒明天皇
37	斉明（サイメイ）	655	62	68	飛鳥川原宮	―	―	―
38	天智（テンジ）	668	43	46	近江大津宮	茅渟王	倭姫王	古人大兄皇子（舒明の子）
39	弘文（コウブン）	671	24	25	近江大津宮	伊賀の土豪	―	―
40	天武（テンム）	673	？	？	飛鳥浄御原宮	茅渟王	鸕野讃良皇女（持統天皇）	天智天皇
41	持統（ジトウ）	686	46	53	飛鳥浄御原宮	蘇我倉山田石川麻呂	―	―
42	文武（モンム）	697	15	25	藤原宮	天智天皇	―	―
43	元明（ゲンメイ）	707	47	55	藤原宮、平城宮	蘇我倉山田石川麻呂	（草壁皇子）	―
44	元正（ゲンショウ）	715	36	45	平城宮	天智天皇	―	―
45	聖武（ショウム）	724	24	49	平城宮、恭仁宮 他	藤原不比等	藤原安宿媛（光明皇后）	藤原不比等

	天皇名	即位年	即位年齢	退位年齢	皇居	外祖父	皇后（または夫）	皇后父
46	孝謙（コウケン）	749	32	41	平城宮 他	藤原不比等	――	――
47	淳仁（ジュンニン）	758	26	32	保良宮、平城宮	当麻老	――	――
48	称徳（ショウトク）	764	47	53	平城宮	――	――	
49	光仁（コウニン）	770	62	73	平城宮	紀　諸人	井上内親王	聖武天皇
50	桓武（カンム）	781	45	70	長岡宮、平安宮	高野乙継	藤原乙牟漏	藤原良継
51	平城（ヘイゼイ）	806	33	36	平安宮	藤原良継	――	――
52	嵯峨（サガ）	809	24	38	平安宮	藤原良継	橘　嘉智子	橘　清友
53	淳和（ジュンナ）	823	38	48	平安宮	藤原百川	正子内親王	嵯峨天皇
54	仁明（ニンミョウ）	833	24	41	平安宮	橘　清友	――	――
55	文徳（モントク）	850	24	32	平安宮	藤原冬嗣	――	――
56	清和（セイワ）	858	9	27	平安宮	藤原良房	――	――
57	陽成（ヨウゼイ）	876	9	17	平安宮	藤原長良	――	――
58	光孝（コウコウ）	884	55	58	平安宮	藤原総継	――	――
59	宇多（ウダ）	887	21	31	平安宮	仲野親王	――	――
60	醍醐（ダイゴ）	897	13	46	平安宮	藤原高藤	藤原穏子	藤原基経

＊即位年は推定である。即位年齢と退位の年齢は日本書紀の記述からそのまま書き出してあり、非現実的なものもそのままにしてある。

プロローグ～どうして古代史は〝謎だらけ〟なのだろうか

天皇家皇位継承図

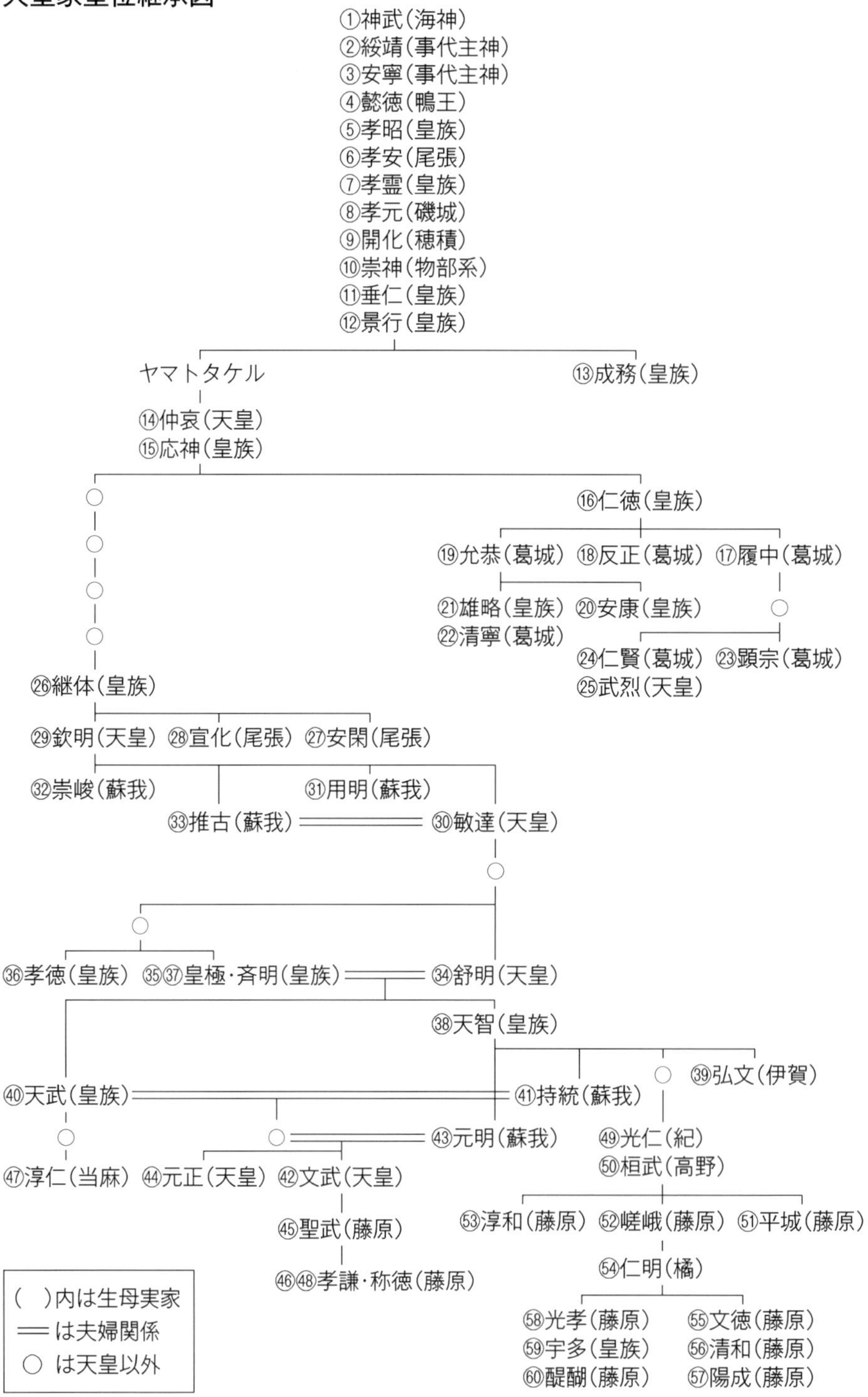
①神武(海神)
②綏靖(事代主神)
③安寧(事代主神)
④懿徳(鴨王)
⑤孝昭(皇族)
⑥孝安(尾張)
⑦孝霊(皇族)
⑧孝元(磯城)
⑨開化(穂積)
⑩崇神(物部系)
⑪垂仁(皇族)
⑫景行(皇族)
ヤマトタケル
⑬成務(皇族)
⑭仲哀(天皇)
⑮応神(皇族)
⑯仁徳(皇族)
⑲允恭(葛城)
⑱反正(葛城)
⑰履中(葛城)
㉑雄略(皇族)
⑳安康(皇族)
㉒清寧(葛城)
㉔仁賢(葛城)
㉓顕宗(葛城)
㉕武烈(天皇)
㉖継体(皇族)
㉙欽明(天皇)
㉘宣化(尾張)
㉗安閑(尾張)
㉜崇峻(蘇我)
㉛用明(蘇我)
㉝推古(蘇我)
㉚敏達(天皇)
㊱孝徳(皇族)
㉟㊲皇極・斉明(皇族)
㉞舒明(天皇)
㊳天智(皇族)
㊴弘文(伊賀)
㊵天武(皇族)
㊶持統(蘇我)
㊸元明(蘇我)
㊾光仁(紀)
㊿桓武(高野)
㊼淳仁(当麻)
㊹元正(天皇)
㊷文武(天皇)
㊺聖武(藤原)
㊻㊽孝謙・称徳(藤原)
53淳和(藤原)
52嵯峨(藤原)
51平城(藤原)
54仁明(橘)
58光孝(藤原)
55文徳(藤原)
59宇多(皇族)
56清和(藤原)
60醍醐(藤原)
57陽成(藤原)
( )内は生母実家
══ は夫婦関係
○ は天皇以外

「イデオロギー」と「商業主義」が古代史を歪める

日本ほど古代史で奇説・珍説が大手を振っている国はない。先史時代や建国の歴史はどこの国でも謎とロマンにみちているのはたしかだが、日本はひどすぎる。

新しい遺跡を発掘した人たちが「世紀の大発見」「邪馬台国《やまたいこく》論争に終止符」などと記者発表をすれば、新聞の一面トップで報道され、見学会に群衆が押し寄せる。

考古学者は研究費確保という大義名分があれば受け狙いを躊躇《ちゅうちょ》しないし、それを煽《あお》るマスコミの商業主義は「歴史を書き換える」大発見を毎月のようにでっち上げる。そのあげくに、自分で埋めた石器を次々と「発見」した男に学界をあげて騙《だま》された「旧石器捏造《ねつぞう》事件」のようなことまで起きた。

また出版の世界では、小説家、研究者、そしてアマチュア歴史家が真っ白いキャンバスに好き放題の「歴史物語」を描き、面白ければそれだけで買う「歴史ファン」があまたいる。

イデオロギーや宗教による歪曲もひどい。『日本書紀』や『古事記』の神話部分はともかく、歴史部分はよく読めばまっとうな正史なのに、保守派は神話風に脚色し、戦後史観の人たちは信用できないと切り捨てる。

　具体例をあげればきりがないが、たとえば、応神《おうじん》天皇が特別の存在になったのは、平安時代あたりに宇佐《うさ》八幡神と習合してからのことだ。記紀では母親である神功《じんぐう》皇太后の陰に隠れてそれほど重要な役割を与えられていない。

「神武東征《じんむとうせい》」にしても、世間で理解されているような大軍の遠征など記紀には書かれていない。天岩戸《あまのいわと》伝説にもとづくとされる高千穂神楽《たかちほかぐら》は、古来からの伝承どころか、幕末期に国学ブームのなかで始められたものだ。初代天皇とされる神武《じんむ》天皇を祀るとされる宮崎神宮も、ローカルな信仰の対象で、朝廷からは明治になるまで相手にされていなかった。こんな話をすると読者は驚かれるだろうが本当のことなのだ。

　一方、記紀に書かれていることは、政治的な歪曲があるから歴史として扱うべきでないというなら、世界中あちこちの史書も似たりよったりなのだから同様に接するべきところだが、どういうわけか中国や韓国・朝鮮の史書については全面的に信用するというのだから不思議だ。

　中国や韓国・朝鮮の史書など、近代どころか現代の記述でも信用に値しないのに、古代のことだけ正確なはずがない。おなじみの『魏志倭人伝《ぎしわじんでん》』に登場する「倭国《わこく》」についていえば、遠隔地のことを少ない情報量で書いたものでしかないにもかかわらず、邪馬台国論争の聖典になっている。倭国に関する記述など、現代にたとえるなら、出先の役人のお気軽な出張報告のようなもので、そもそも当てにならない。

信用できるのは、洛陽《らくよう》の都にこんな報告があったということだけだ。文字も伝来していない日本で中国語の手紙が作成できるはずもないから、卑弥呼《ひみこ》が魏使に洛陽の天使に渡してほしいと託したとされる上表文など、卑弥呼に書きようもなく、実際は大陸で書かれたに間違いない。

それでも、記紀が書かれたころ、すでに日本人の記憶に一切の痕跡を留めず、どこにあったかすら分からなかった邪馬台国というクニが、日本の始まりである、といった歴史観が流布されている。しかも、それが商業主義と結びついて、邪馬台国が畿内だったときと、九州だった場合の経済効果の比較を発表し、畿内説の優位を主張するエコノミストまで登場する始末だ。

「クニ」など成立する以前で、もっぱら考古学者の領域となっている先史時代についても、東アジアのなかでそれほど日本が特異な発展をしたとも思えないのに、ＳＦまがいの想像力たくましい物語が組み立てられている。

三内丸山《さんないまるやま》遺跡（青森県）が発見されて、「縄文都市」などと騒がれたが、たまたま非常に広範囲の発掘が行われたので、何千年にもわたり蓄積された遺跡がいちどに見つかっただけなのを、あたかも同時代に多数の人口を持つ都市が存在したかのような幻想をもてあそんでいるのも困ったものだ。

狩猟採集文化の時代に、日本でだけ高度な文明に達したなどということがあるはずもない。当時の立派な建造物が「復元」されているが、そもそも「柱」らしきものの跡が、即、大型建造物が存在した証拠に直結するものではないだろう。

島国だったから本格的な農業の普及は遅れたものの、紀元前三〜四世紀ごろから、稲作をする移民が徐々に流れ込んできて、人口が急増し、クニが成立し始めた。その後は、温暖な気候で水も豊富だったし、耕せる土地も広かったから急速に発展してアジアの海東におけるそれなりの大国になっただけで、そんなに日本だけが特別に変わった歴史を歩んだはずがないのだ。

にもかかわらず、この国では、古代史はイデオロギーと商業主義で惨めにもグロテスクなものにねじ曲げられてしまった。

『日本書紀』『古事記』の神武以降は説得的な史書である

『日本書紀』『古事記』の前半は神々の物語であって、そこにも歴史の真実を探すヒントはいろいろあるのだろうが、具体的な歴史事実に直結するものではないから、とりあえずは横に置いておくべき、というのが私の神話に対する基本スタンスだ。

ギリシャ神話の面白い神々の物語を、ホメロスの物語やヘロドトスの年代記と同列に論じる歴史家はいない。神話はもともと歴史の話でないのだから、自由に書き換えられたり借用されやすい性質のものだ。よく知られているようにローマ神話などギリシャ神話からの借り物がほとんどである。

また、どんな神様が手厚く信仰されるかなど、時代によってちょっとしたきっかけで変わる。熊野詣《もう》でなど平安時代になぜか突然ブームになったのだが、なぜ熊野の神様に人気が出たのか、浄土信仰の広がりが背景にあったようだが、あまり深い意味があったのでもなさそうだ。途中の道もそれほど景色がよいわけでもなく、現代でいえば沢登りのようなスポーツのような感覚だったとしか考えにくいのである。

一方、神武天皇以降の歴史部分については、記紀に書いてある年代は不正確としても、世代数はだいたい正しいと割り切って読めば、リアリティの高い建国と発展の経緯が書かれた史書と評価すべきだ。事実、中国の史書や近年の考古学の成果とも齟齬《そご》はあまりないのである。詳しくはあとで述べるが、年代だけを調整したうえで記紀に書いてあることに沿って大きな流れを復元すれば、大和《やまと》の国は、三世紀のはじめごろ、邪馬台国があった九州をしのぐ発展をとげていたが、世紀の後半になって崇神《すじん》天皇とのちの人が呼ぶ王者のもとで統一され、その王国は畿内とその周辺にまで領地を広げた。

　この崇神天皇から数世代前の先祖に、日向《ひゅうが》の国を少人数で出奔し、吉備《きび》などで少しばかりの手下を得て、大和盆地の南西部に小さな領地を得た人物（神武天皇）がいた、というのが記紀に書いてある建国物語である。

　九州のどこかの王が軍勢を率いて「東征」に出発し、のちに大和を征服したとか、堂々とした統一国家を建てた、などとはどこにも書いていないのである。

　そして、四世紀とおぼしき仲哀《ちゅうあい》天皇と神功皇后の時代に、はじめて、筑紫地方に大和朝廷の力が及んだという。そのとき、『魏志倭人伝』に登場する伊都《いと》国の王なども服属する。邪馬台国は出てこないのは、一世紀も前に栄えた女王国がすでに滅んでいたからだろう。

では、邪馬台国畿内説にどうして支持者がいるかといえば、恐れ多くも中国と交流していたような立派なクニは当時の日本列島でもっとも栄えていたクニであって欲しいという、「媚中史観《びちゅうしかん》」の産物でしかないのである。

だが、もしそんな推定が可能なら、戦国時代から江戸初期の日本でもっとも強力で栄えていたのは、天正遣欧使節《てんしょうけんおう》を派遣した大友宗麟《おおともそうりん》か、イスパニアに支倉常長《はせくらつねなが》を送った伊達政宗に違いないということになってしまう。これはそれと同じくらい滑稽な論理なのだ。

それに、九州の王者が畿内を征服したなどという可能性を示す考古学的な痕跡などまったくないから、かなりの人が主張する「邪馬台国東遷説」なども荒唐無稽《こうとうむけい》な作り話でしかない。そういうものは、「神武東征」という、おそらく平安時代以降に創られた伝説に惑わされた結果なのだ。

また、戦前に「万世一系」が強調されすぎた反動で、いまでは王朝交替論も盛んで、なかでも多くの人が継体《けいたい》天皇が新王朝を創設したと考えている。

だが、記紀における継体天皇は、人望があったので地方から迎えられて皇位についたとはされているが、即位ののち二〇年も大和に入ることすらできず、外交では任那《みまな》滅亡の原因までつくる大失敗をした凡庸な王者である。

記紀の原型は推古《すいこ》天皇のころに成立したと考えられるが、もし、推古天皇の祖父である継体天皇が新しい王朝の創始者だったら、少なくとも比類なき英雄と描いたに違いないのだから、そこからしても新王朝などあり得ない話だ。

ともかく、「万世一系」などといっても、神武天皇といわれる人物が大和に来る前にすでにそこにクニはあったのであって、それ以前からの一系ではない。記紀もそれ以降のことしか元々いっていないのである。

ただ、皇位継承が安定して行われることで、独立と統一が維持されてきたことが、日本という国が世界で豊かな大国でいられる背景にあることは確かなのであって、そういう意味で、神武天皇以来、「万世一系」であることを誇るのは正しいことだ。

そののちの皇位継承をめぐる流れにしても、政治的な出来事にしても、ごく自然で納得できるもので、ほとんど謎などないように思う。

「聖徳太子架空説」というのもあるが、記紀が成立したときの天智《てんじ》・天武《てんむ》朝は敏達《びだつ》天皇の子孫であるから、敏達天皇の異母弟である用明《ようめい》天皇の皇子で、蘇我《そが》氏出身の祖母と母を持つ聖徳太子は彼らの家系にとって最大の政敵であった。そんな憎い人物をわざわざ嘘をついてまで英雄にしなければならない動機がどこにあるのだろうか。

「もしかして史観」「陰謀史観」「『プロジェクトX』史観」「歴史小説」の弊害

もちろん、どこの国の史書にも謎は残る。だが、「もしかして」と疑い出せばきりがないが、そんなことは「異説」として言及するくらいの扱いしか受けないのが世界の通例だ。小説家の著作は、疑問の提起までは興味深いが、解決策については何の根拠もなく、「もしそういうことなら面白い」という域を出ないものが多い。

もし天武天皇が、新羅《しらぎ》とつるんでいたらとか、皇極《こうぎょく》天皇の先夫の子だったらとか、百済《くだら》の王子豊璋《ほうしょう》その人だったのでは、などといい出せばどんな絵でも描ける。そんななかには、およそ成り立たない説もあれば、もう少し上等で、可能性がゼロとはいえない程度にはよく考えられたものもある。だが、こうした発想は普通の歴史の領域ではない。いってみれば「もしかして史観」だ。

「陰謀史観」という言葉もある。動機だけから組み立てて、ろくに根拠もないことを真実のようにいう歴史観だ。もちろん、歴史的事件を論じる時には動機が説明できなければ怪しいというのは正しいが、逆に動機からだけで歴史を創作することはあってはならないという意味で、批判的に陰謀史観という名前がついている。

ところが、我が国ではこの陰謀史観が大手を振って通用している。なにしろ、近代史ですら、坂本龍馬暗殺事件における「薩摩陰謀説」などというのがまことしやかに語られて、けっこう名のある識者にまで浸透している。

事件直後は犯人が不明だったが、のちに、「見廻組」に所属する複数の実行犯が名乗り出て、それに命令を出したとみられる会津藩首脳の側近からの証言などかなりの傍証があっても、怪しいといい張るのだから困ったものだ。このあたりは、『坂本龍馬の「私の履歴書」』（ソフトバンク新書）で詳しく書いたので、興味のある方はご一読願いたし。

さらに、「『プロジェクトX』史観」というべきものもある。あのNHKの人気番組では、世の中の転機になったような出来事を、もっぱら誰か一人の、それも社長などよりも中堅クラスの人物の功績だというストーリーに仕立てることが多かった。

社長でなく、たとえば課長クラスの誰かの踏ん張りで大きな事が成ったといえば、ストーリーとしては意外性があって面白いし、「俺にもチャンスがある」と奮起する人もいるだろう。だが、あの番組を見た関係者から、「なんであいつだけが功績を独り占めにするのか」といった不協和音が起きたことも多いと聞く。あるいは、幕末期の大事件である薩長同盟に関して、あれは坂本龍馬がひとりで無から有を創りだしたものだ、といわんばかりの解説をすることもこのタイプの歴史観だ。

古代史では、藤原不比等《ふじわらのふひと》がスーパーマンとして天武朝を支え、律令制を完成させ、『日本書紀』の内容を決め、天皇とか日本といった名前を定め、娘を皇后にし、藤原氏の繁栄を確固たるものにしたといった説があるが、これにしても、元をたどれば、戦後になって、皇国史観で記紀を一〇〇パーセント信用していたのに対するアンチテーゼとして、ひとつの仮説として唱えられたものに過ぎない。

ところが、分かりやすく面白いから、というので今や多くの人の常識になってしまった。だが、不比等の生きた時代から近年に至るまで、藤原氏の関係者のなかですら不比等に対するそんな評価がなかったのはどうしてなのだろうか。

そして、何より困ったことに、まじめな歴史書や伝記があまり読まれず、ドラマや小説で歴史を学ぼうという変な歴史ファンが多い土壌がこの国にはある。

これでは、確実な情報がつかみにくい古代史など言いたい放題の奇説・珍説が跋扈《ばっこ》することになるのは当然かもしれない。

私がこのテーマについてはじめて書いたのは、『霞ヶ関から邪馬台国を見れば』（『中央公論』１９８９年12月号所収）であった。その後、『歴史読本』における「〝現場感覚〟で解く日本史の謎」という連載などでも古代史を扱ったが、単行本では『日本の国と憲法　第三の選択』（同朋舎）、『お世継ぎ』（平凡社、のちに文春文庫で改訂文庫化）、『歴代天皇列伝』（ＰＨＰ研究所）で、皇位継承問題との関連で論じた。

日本の国が世界で類を見ないほど安定して統一と独立を維持していることの重要性と、そのなかで皇室が果たしている役割が大きいことは再評価していい。しかし、それは、神話の世界などでなく、本当の歴史のなかで評価されるべき問題だというのが私がもっとも強調したい点である。

「日本は世界に似たものはない特殊な国である」などと愚かな妄想は持たず、世界各国の歴史を見るのと同じように自然体で日本の歴史を考察してみたいと思う。そして、いわゆる「古代史の謎」は本当は「謎」といえるほどのことではない、ということを知っていただきたいし、その一方でごく自然体で過去を振り返っても、この国はやはり素晴らしい国だと感じるに足るということを確認してほしいのである。

第一章

「旧石器捏造事件」と「週替わり世紀の発見」の不思議

日本人はどこから来たか

八幡和郎『全世界200国おもしろ辛口通信簿』（講談社）より

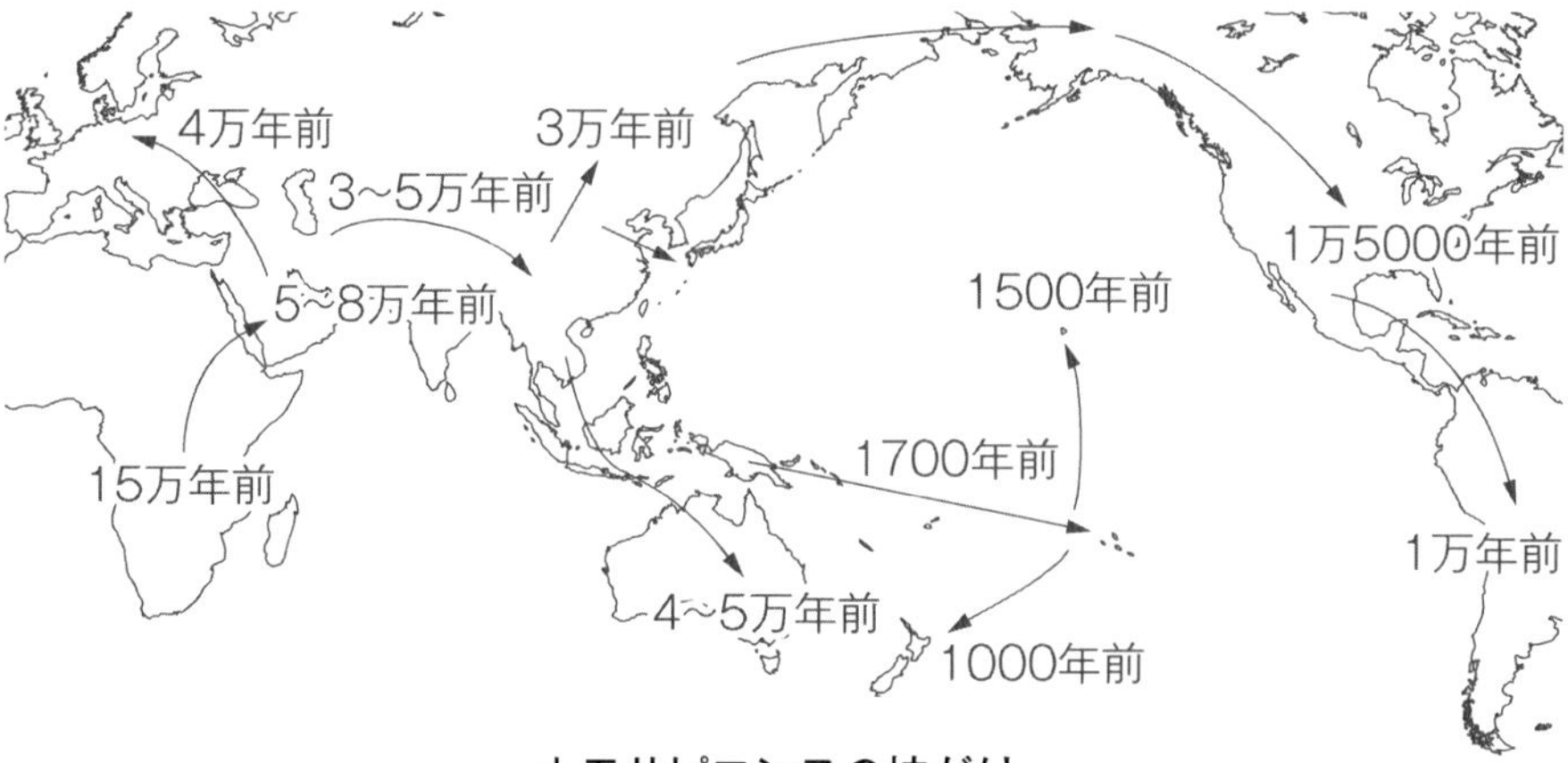

ホモサピエンスの拡がり

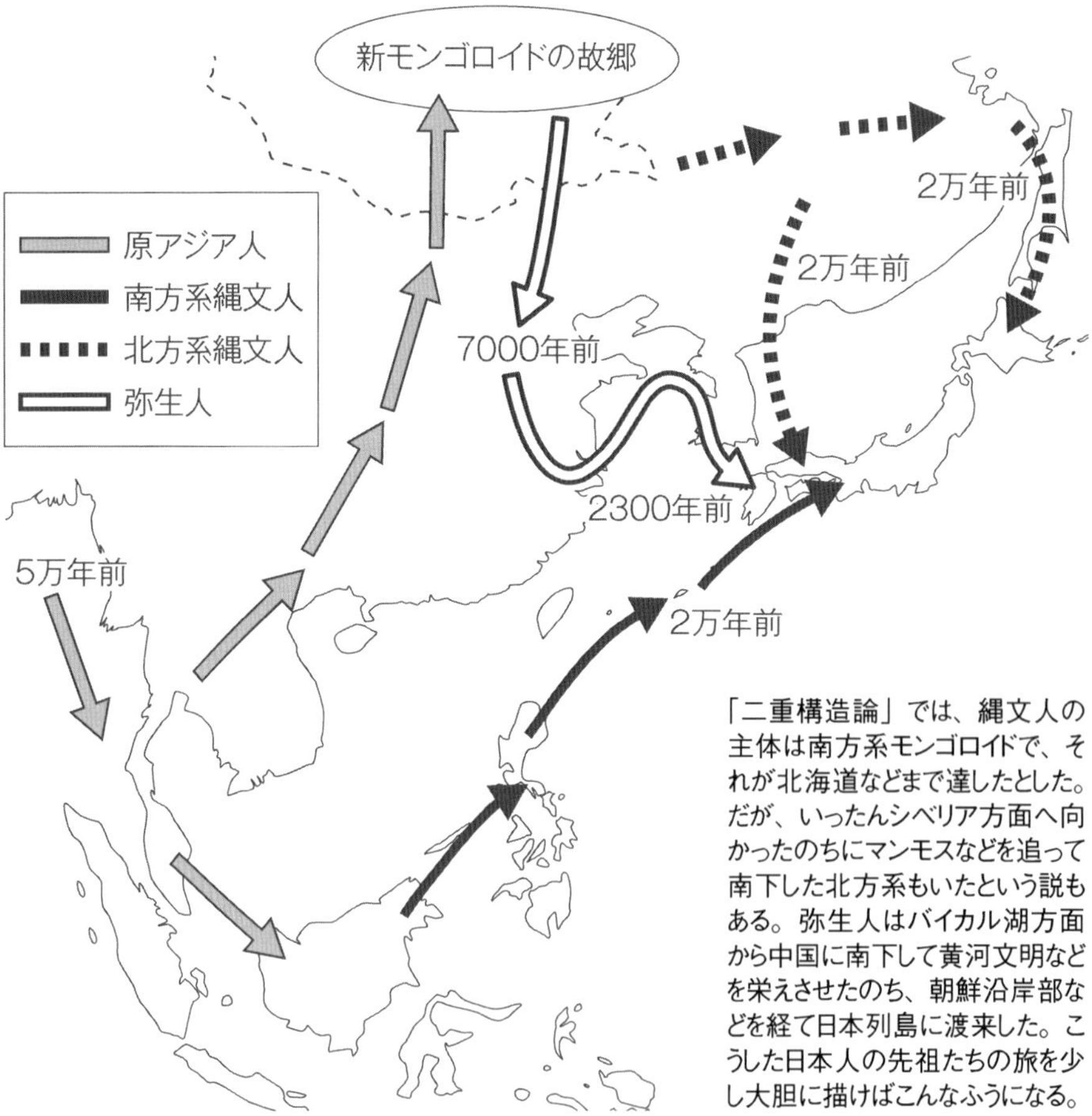

「二重構造論」では、縄文人の主体は南方系モンゴロイドで、それが北海道などまで達したとした。だが、いったんシベリア方面へ向かったのちにマンモスなどを追って南下した北方系もいたという説もある。弥生人はバイカル湖方面から中国に南下して黄河文明などを栄えさせたのち、朝鮮沿岸部などを経て日本列島に渡来した。こうした日本人の先祖たちの旅を少し大胆に描けばこんなふうになる。

❗旧石器時代は日本人の歴史の始まりでない

ウソ　日本の旧石器文化は世界でも最先端の輝きを持っていた

本当　石器捏造事件で否定され現代日本にもつながらない

『5万年前』（ニコラス・ウェイド）というベストセラーになった人類史の本がある。ミトコンドリアDNAの分析によると、現在、アフリカ以外に住んでいる人類のすべては、五万年前にアフリカからアラビア半島に渡った一五〇人ほどの集団の子孫であるというのである。

人類の誕生は数百万年前のこととされている。アフリカ東部、タンザニアあたりにある大陸の裂け目である大地溝帯に住んでいた人類と類人猿の先祖のうち、東のジャングルに向かった者はチンパンジーになり、西のサバンナに向かった者は、二本足で歩き始めて人類になったと大雑把《おおざっぱ》にはいわれている。

その人類の祖先は世界のあちこちに散らばっていって、ジャワ原人、北京原人、ネアンデルタール人などになったが、彼らは滅びてしまって、一五万年前ごろにアフリカで誕生し、五万年から八万年くらい前にアラビア半島に渡った種族にすべて取って代わられたらしい（アフリカだけには他の三つの集団も残る）。アジア人の多くもそのうち三～五万年ほど前に東南アジアに達した種族から出ているらしい（ヒマラヤの北を通ってアジアに入った集団もいたかもしれない）。

もっとも、混血によってネアンデルタール人の遺伝子も少しは残っているという説もないわけでもないし、細かくはこれからもいろいろ学説は展開するだろうが、大筋については変わらないだろう。中国人が北京原人の子孫でないと分かって悔しがっても科学には勝てない。

いずれにせよ、たとえ、一〇万年前とかそれ以前に日本列島に人類が住んでいたとしても、彼らは滅んでしまい、新しい種族に取って代わられた。つまり、彼らは縄文人とすら血縁関係がない。

旧石器捏造事件は氷山の一角

二〇～三〇万年前に遡《さかのぼ》るとされる旧石器時代というのは、磨かない打製石器だけを使い、土器も持たない人たちの時代である。かつては、日本には旧石器時代はなかったといわれていたが、一九四九年に相沢忠洋《あいざわただひろ》が岩宿《いわじゅく》遺跡を関東ローム層のなかで発見して以来、さまざまな発見が続いた。

ところが、「神の手（ゴッド・ハンド）」の持ち主といわれた藤村新一によって東北を中心に次々と旧石器が七〇万年前という古い地層からまで「発見」され、それを学会の大先生たちも認め、文化庁も史跡に指定したりしたものだから、日本列島は世界の人類史でも異様に発達した旧石器時代を持つことになってしまった。

ところが、毎日新聞のスクープで、これらが自分で石器を古い地層に埋めて「発見」する捏造だったことが明らかになった。

これをきっかけに、ほかの人が発見していた旧石器時代の人骨などについても精査してみると、大先生たちのお墨付きがあったものも、現代人のものだったり動物の骨だったりしてほとんど確かなものは何もないに等しいということになり、捏造の疑いをかけられた九州の考古学者が気の毒に自殺するという事件まで起きた。

本書のあちこちで書いているが、考古学者がその成果をマスコミを使って「世紀の大発見」であるかのように発表し、それを、地元の自治体などが観光資源として活用して「遺跡復元」まで行い、可愛らしいキャラクターをつくり、土産物を売るというあさましい構図はその後もあとを絶たない。

研究者たちは他人の「発見」がおかしいと思っても、自分がやっていることも似たり寄ったりだから、批判できないということだろうか。その結果、十分に検証されない「発見」が積み重なって歴史の真実のように語られている。

この旧石器捏造事件はこの国の特異な風潮のなかで起こるべくして起きた事件だったが、先生方はアマチュアの詐欺師に騙された被害者のような風を装って自分たちの責任を十分に認めず、あまり真摯《しんし》な反省がなされているとは思えない。

いずれにしても、日本列島の旧石器時代は、人類文明発展の前史というべきひとつの時代が、日本でもささやかに展開されていたというだけのことである。

❗三内丸山遺跡は縄文時代の歴史を書き換えていない

ウソ　三内丸山遺跡は大規模な縄文都市だった

本当　一五〇〇年にもわたる遺跡の総戸数を累計すべきでない

青森市近郊の三内丸山遺跡の「発見」によって、これまでの「貧しい縄文時代像」は根底から塗り替えられたといわれた。だが、いまでは、あまりもの馬鹿らしさにだんだんトーンは落ちているのである。

国が特別遺跡に指定し、訳の分からない復元建築を巨費を投じて建て、観光地として大宣伝したりしたものを、いまさら「あれは誇大でした」ともいえないだろうが、将来の世代からは間違いなく笑い物にされるだろう。

「発見」と書いたが、この遺跡の存在は江戸時代から知られていて、『永禄日記』という書物にも、大坂夏の陣からまもない元和《げんな》九年（一六二三）にたくさんの土偶が出土したと書かれている。

ところが、県営の野球場を建設するために発掘調査を平成四年（一九九二）から行ったところ、さまざまなものが出土して、県では野球場建設を中止して遺跡の保存を決め、遺跡公園として整備することとした。

この遺跡がすごいのは、「大きい・長い・多い」からだと喧伝《けんでん》された。その意味についても人によって解釈が違うようだが、東京ドーム約七個分という広い面積の「縄文都市」が、一五〇〇年（五五〇〇年前から四〇〇〇年前まで）も続き、巨大な建物のものかもしれない柱の穴があり、約四万四〇〇〇箱の遺物が出た。さらには栗などの栽培が行われていたらしい、といったことがイメージされた。

一五〇〇年間というと平安建都から今日までの年月より長いわけである。だが、京都の町では、一〇〇〇年以上にわたって同じ場所で建物が更新され続けてきたかもしれないが、竪穴式住居でそんなことはありえない。

しかも、一五〇〇年というのが連続したものであるかどうかも不明である。とぎれとぎれで何百年も無人になったことがあるかもしれないのだ。

つまり分かっていることは、このあたりに、縄文時代前期の約五五〇〇年前に人がはじめて住み、連続してのことか、断続的かすら不明だが、最後は四〇〇〇年前ごろに人が住んだ形跡があるということだけである。

というわけで、もっとも人口が多かった時にどのくらいの規模だったかなども、まったく不明である。「五〇〇人説」があるが、これなどいくつもの仮説を積み重ねたうえに成り立っているもので、もしかすると人口五〇〇人という大きな集落があったという可能性すらあるという程度の話だ。

栗などを原始的な方法ながらも栽培していたのではないか、という説にしても立証されたとはいえないし、木の実を主たる食料として五〇〇人もの人口をかなり長期にわたって支えきれると考えるのは、ＳＦ的ですらある。

縄文文化は過大評価され過ぎ

大きな柱の穴が六本並んでいるというが、それが同時に掘られたものかどうかは分からないし、建物の柱だったかどうかも不明だ。インディアンのトーテムポールか諏訪神社の御柱のような独立した柱だった可能性も高い。

そこに屋根もない怪しげな「建物（?・）」が「復元」されたが、まったくの空想の産物で「復元」などといえる代物ではない。観光に役立つという以外では無駄遣いの典型で「事業仕分け」の対象に是非して欲しい。一方で、文化庁は近世の城の場合は、きちんとした図面でもないと復元を認めないので、たとえば、安土城の天守閣など絶対に復元させてもらえない。これでは、明らかなダブルスタンダードではないか。

もちろん、狩猟だとか採集生活を主体にした文明といっても、それなりの工夫はあるだろうし、天然の産物に頼らねばならないだけに、かえって農業社会より広い範囲で交易もする必要があったとしても不思議ではない

縄文式の土偶とか火炎式の土器などがなかなか魅力的な土俗的迫力を持っているの

は事実だが、文明の先進性を誇るような性質のものなのだろうか。アルタミラやラスコーの洞窟にみられるように、何万年前にも美的センスにすぐれた人がいたのは、生産力と関わらない分野だから当然で、こういう芸術分野では科学技術などと違って一定の方向に「進歩」していくとは限らない。

「日本の縄文時代の遺物は世界に類を見ない豊かなものだ」といっても、日本で近年になって、きめ細かな発掘が進んだ結果、多くの「発見」があり、しかも、それを十分に検証しないまま「大発見」にしているからであって、日本に比べて考古学的な発掘が進んでいない外国で、今後、発掘が進展すれば、もっとすぐれた土器などが出てきて、「日本の縄文文化は世界一進んでいた」などという評価はできなくなるのではないだろうか。

たまたま古い原人の骨が早い時期に発見されたジャワや北京が、人類発祥の地だとされていたのもそんなに昔の話ではない。

いずれにせよ、狩猟採集生活を基礎にして、安定的に豊かで大きな集落を維持することが可能というのは、あまりにもSF的だ。一般大衆相手にいい加減な作り話を吹聴するのは、世界の歴史学者に広く認められてからにしていただきたいものだ。

❗日本人は単一民族か

ウソ 黒い髪に象徴されるように日本人は単一民族だ

本当 日本人の容姿は驚くほどさまざまで雑多な民族だ

「日本人らしくしろ」というのは保守的な人の決まり文句で、若い人が茶髪や金髪に染めたりすると、必ずこの科白《せりふ》が登場する。

しかし、ご存知のように、髪の毛を染めるなど世界的には珍しくもないことだ。西洋人でも、金髪女性の大部分は染めていると思っていい。フランスを代表する美人女優であるカトリーヌ・ドヌーブの美しい金髪は、赤い毛を染めたものだが、赤毛のままであれば魅力半減どころではなかったかもしれない。

ヒラリー・クリントンは、茶髪で眼鏡をかけたやり手弁護士だった。それが、夫のビル・クリントンがアーカンソー州の知事選挙で再選に失敗したので、眼鏡をコンタクト・レンズに替え、髪の毛をブロンドにして、美しい政治家夫人に変身し、ビルを助けた。それが功を奏して、彼は大統領になったといってても過言ではないのだ。

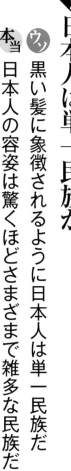

この話は、日本人には内助の功を発揮した美談と受け取られた。いずれにしろ、髪の毛を染めたことでドヌーブやヒラリーを批判した声は聞いたことがない。日本人も髪の毛を染めること自体をいけないと思っているわけでないのだ。その意味では、日本人の若者が茶髪や金髪に染めることへの激しい拒否反応はアンバランスなのだが、理由がないわけではない。

というのは、日本人は髪の毛が黒いという以外は、ほとんど、その容姿に共通した印象を持たない雑多な集団だからである。日本人には、肌の色でもいわゆる秋田美人のように西洋人なみに白い人もいるが、ポリネシア人のように赤銅色の浅黒い人も多い。髪の毛もまっすぐな人もいれば天然パーマもいる。上海人のようにひょろ長い人もいるし、ずんぐり型も珍しくない。眼も一重まぶたと二重とが拮抗している。

こうした多様性は、たとば、韓国人などと比べても明らかに目立つものなのだ。つまり、日本人は、単一民族どころか、かなり幅広い人種の集合体であることを示している。

日本人がよく似た人が多い単一民族のように見えるのは、日本が一つの国にまとまり、日本語という共通言語を持ち、風俗などに共通性があるからそう見えるだけなのであって、人種的な統一性は非常に薄いというのが真実だ。

日本人単一民族説は戦後の流行

日本人はもともと単一民族だという議論は、不思議なことだが、戦後になって流行したものだ。戦争に負けて外地から引き揚げた日本人には、日本はアジアから孤立した民族だから、列島外にちょっかいなど出さない方がよいのだという自戒が単一民族説になじみ、時代的気分に合ったのだろう。いってみれば「小日本主義」だ。

弥生時代になって日本人の外形的な特徴が大きく変わったことは間違いないのだが、それは主に食生活の変化などの結果だと説明された。高度成長期に食生活が一変し、日本人の体型もそれによって大きく変化したことにも影響された説でもある。つまり、おなじ人種における連続的変化という考え方である。

だが、一九八〇年代あたりから、山口県の土井ヶ浜《どいがはま》や九州で発掘された弥生時代の人骨に見られる特徴は、かなりの外からの流入があったことを前提としないと説明できないとされはじめた。その後、大量の移民の流入を前提とした縄文人と弥生人の「二重構造論」が主流を占めるようになり、現在に至っている。

現在のような特徴を有する日本人の形成過程で、弥生人と縄文人のどちらの寄与度が高いかについては、のちに論じるが、二重構造論によれば、縄文人と弥生人の違いはかなり大きいものだ。以下、簡単に説明しよう。

人類学的な分析によると、中国人、韓国人、そして弥生人はすべて新モンゴロイドである。同じモンゴロイドでも縄文人、タイ人、インディアンなどは、古モンゴロイドと呼ばれる。この古モンゴロイドは新モンゴロイド以外のアジア人の総称であって、互いにそれほど似ているのではない。

新モンゴロイドは、一万年前に終わった最後の氷河期のときに、シベリアのバイカル湖付近に閉じこめられて寒さに適応していった人たちだとされている。

細い目とか、低い鼻、一重まぶた、薄い体毛、乾いた耳垢《みみあか》はその時の遺産だともいう。アルコールに弱い人が多いのは気候とは関係ないが新モンゴロイド特有の突然変異のせいだ。彼らは寒冷期が終わったのちに中国に南下し、黄河《おうが》文明などの担い手となった。

この新モンゴロイドの誕生と拡散についても、今後の研究に待たねばならない部分も多いが、古代の中国文明が栄えた中心地域の住人、そして、現代中国人の主流がこうした特色を持った人たちであることは確かである。

そして、その彼らが高度な稲作技術とともに日本列島にやってきたのは、二三〇〇～二四〇〇年前のことであるが、それについては、のちに詳しく紹介する。

一方、「縄文人」は、弥生人渡来以前から日本列島で生活していた先住民で、日本列島に渡来した時期も、どこから来たのかもさまざまだ

沖縄で発掘された約二万年前の港川人《みなとがわじん》の人骨は早い時期に南方からやってきた人たちの存在を裏付けるし、鹿児島県の上野原遺跡は、六三〇〇年前の火山（鬼界《きかい》カルデラ）の大爆発で、南方から来た人たちの村がポンペイの遺跡のように埋まって残った貴重なものだ。

だが、最終氷期（七万年前から一万年前）のころシベリアのマンモス・ハンターたちが獲物の南下に伴って移動し、日本列島でナウマン象を狩るようになるという流れもあったようだ。なかには、アイヌの人たちの先祖はこうして日本にやって来たのだという人もいる。

この地球が寒かった時代、間宮《まみや》海峡や宗谷《そうや》海峡は陸続きだったし、津軽海峡や対馬海峡もごく狭かった。だから、旧石器時代の末期から縄文時代にかけて、さまざまな

時期とルートで大陸から日本列島にやって来た人がいたのである。

つまり、縄文人とは、「日本人の先祖の中における弥生人以外のさまざまな民族の総称」ということでしかない。

そして、いずれにせよ、弥生人は新モンゴロイドだから、人類学的には弥生人は縄文人とは縁遠く、中国人や韓国人に近いというよりほとんどまったく同じ人種なのである。

❗日本人の先祖は弥生人か縄文人か

ウソ　縄文人が農耕を学んで人口が増加した

本当　渡来人が日本人の主流であることは人類学の常識

日本人の先祖が主に縄文人か弥生人かというのは、イデオロギー論争でもある。なにしろ、弥生人だとすれば、日本人のほとんどは大陸から移住してきた中国人や朝鮮人の子孫ということになるし、縄文人だとすれば、中国や韓国とは別系統の民族が主流だということになるから、好みがはっきり分かれるのだ。

当然のことながら人気があるのは縄文人説だ。とくに日本人と日本文化の独自性にこだわりを持つ保守的な思想の人にはこちらに与《くみ》する人が多い。

それも自然なことかもしれない。フランスでも、一九世紀あたりには、革命で倒された貴族たちはよそからやって来たゲルマン人で、彼らによる封建的なアンシャン・レジーム（旧制度）を倒した市民たちは先住のラテン人の子孫だ、といった歴史観がはやったらしい。いまでは原フランス人はケルト人だというふうにとらえられており、フランスのコミック・アニメ界では、主人公のケルト（ガリア）人がローマ軍をやっつける『アステリックス』というコミックが人気だ。

自分たちが遅れてやってきたよそ者の子孫だなどと思いたくない人が多いのだ。

農耕の始まりでも、それが大陸から伝わって来たものであることは否定できないが、縄文派は、大陸からの移民はあったものの数的にはごくわずかで、農耕も縄文人が習得し農耕民化したものという。

もちろん、両方いるのは当然で、東北がだんだんと大和朝廷に組み込まれていく過程でも、西から移住してきた者（弥生系）と、大和朝廷に従った蝦夷《えみし》（縄文系）との両方が、縄文文化に生き続ける蝦夷と戦ったのである。

安倍晋三元首相のご先祖といわれ、前九年の役《えき》（一〇五一～一〇六二）で源頼《みなもとのより》義《よし》と戦った安倍貞任《あべのさだとう》なども、大和朝廷に帰順した蝦夷という可能性が高いのだ。

ただ、どちらが重要かということになると、DNA分析とか骨の分析とかが進んだ結果、人類学的には、圧倒的に弥生人が先祖として多数派であることが明らかになっている（考古学者は人類学者よりは縄文人の寄与を大きく見る傾向があるようだが）。

また、農耕の歴史をたどると、ある時点で、田圃《たんぼ》の作り方や栽培方法などいろんな要素がワンセットで革命的な進歩をとげていることが分かる。これも、移住者がかなりの規模で入ってきたことをうかがわせる。

渡来人は少しずつやってきた

さて、それでは、弥生人たちの渡来がいつ始まったかというと、先行的にはかなり古いことかもしれない。三〇〇〇年ぐらい前の農耕のあとが発見されたという説もある。縄文時代にも大陸との交流が皆無だったはずはないのである。

そうはいっても、大きなうねりになったのが、二三〇〇～二四〇〇年前であることが否定されるものではない。もっと前に先駆けとして始まった農業は、あくまでも、食料確保のうえで補助的なものに過ぎなかったと見るべきなのだ。とくに縄文時代に人口分布の中心だった東北など寒冷地では、当時はまだ幼稚だった稲作に主たる食料を頼っていたら、冷害の年にはみんな死に絶えていただろう。

稲の栽培は一万年ほど前に長江《ちょうこう》流域で始まった。ただ、田植えの季節は水を張って、その後は水を抜くという水田耕作は、五〇〇〇年ほど前からだ。それが本格的に日本に導入されたのが、この時期だ。

とはいっても、弥生人の流入は、ヨーロッパにおける民族大移動と違って、一気呵成《いっきかせい》に進んだとか、縄文人たちをあっという間に駆逐してしまったといったものではなかった。長い期間にわたって少しずつ進んだものであり、縄文人との平和的な共存も、いつもというわけでないがあったようだ。

なにしろ、縄文時代の後期には、平均気温が三〜四度という寒冷化などで栗などの豊かな森が少なくなり、海も後退して魚も捕れなくなって、縄文中期に二十数万人にも達したといわれる日本列島の人口は全体で数万人ぐらいに減っていた。

それも当時の人口は東日本中心で、西日本の人口は全部で数千人ほどだったから、縄文人を追い出さなくとも土地は十分にあったのだ。

縄文人は遊牧民でもないし、大平原のハンターでもなかったから、弥生人が入ってきたとしても西日本で西部劇のインディアンと開拓民の間で行われた争いのような深刻な対立が常にあったとは思えない。

それに、先住民が農耕を学んでも、はじめは、なかなか慣れないので効率的に出来なかったはずだ。さらに、移民の方が仲間が少ないので、たくさん子供を作って家族を増やそうとするのが自然の成り行きだし、先進技術を持った移民は豊かだったから、先住民の女性に子供を作らせ養うことも容易だったろう。

戦後のある時期には、少数流入した弥生人から縄文人が農耕を学んだのだという説が流行したのに対して、両種族の「二重構造モデル」を提唱した埴原和郎《はにわらかずろう》氏が、数十万人以上の弥生人の流入を唱えたりして、少なくとも、かなりの移民があったことは広く認められるようになった。

ただし、邪馬台国の時代である三世紀ごろまでに日本列島の人口は一〇〇万人からそれ以上になり、飛鳥時代には数百万人に達するが、その人口増加を説明するのに数十万人以上の「渡来人」は必ずしも必要でなく、現在では、それほどには多くない移住者たちが自然増加したという説明も可能だと考えられている。

私も緩やかに大陸から農耕民が流入し、稲作に向いたこの新天地で爆発的に人口増加を見たというのが正しいと思っている。

縄文人が農耕民化して弥生人になったという仮説は、縄文時代の日本の人口のほとんどが東日本に住んでいたなかで、なぜ西日本の縄文人だけが稲作をとり入れるのに前向きで食生活の変化によって一部地域だけで肉体的特徴が変化したとは考えられないし、人口爆発を起こしたかも説明できないのである。

また、南九州や東北の人々がいまでも縄文人的要素が強く、ほかの地域では弥生人的な人が多いということからも、やはり、北九州を中心に流入した弥生人が列島全体に広がっていったのであって、現代日本人の主たる先祖は弥生人と見る方が自然である。

つまるところ、私たち日本人の先祖のほとんどは、紀元前三、四世紀あたり以降に渡来した弥生人だが、アメリカ西部開拓とか、ゲルマン人の大移動のような劇的な変化を伴ったものではなかったのである。

❗孔子や始皇帝のころ我々の先祖は中国人だった

ウソ 弥生人は朝鮮半島の人々が移民してきた

本当 長江流域の稲作民が半島経由で来たのが主流では

それでは、大陸のどこから弥生人たちは来たかといえば、朝鮮半島よりも中国の方に注目すべきだと私は見ている。ただし、彼らは秦《しん》の始皇帝の時代の徐福《じょふく》伝説のように東シナ海の荒波を乗り越えてでなく、朝鮮半島沿岸を経由して来たということが重要だ。

日本の気候は、中国でも長江の河口あたりにいちばん近い。いずれも、高温多雨で、稲作にもっとも適した土地である。

ところが、長江河口付近から船で日本列島にダイレクトに渡ることは、相当に成功率が低い。時代を経て遣唐使の時代には、新羅との関係が悪化したために、半島経由で日本から中国に渡りづらかった。そこで、無理をして東シナ海の横断を試みたのだが、鑑真和上《がんじんわじょう》の渡海が何度も失敗したことでも分かる通り非常に難しく遭難や漂流の確率が高かった。

というのは、日本近海と長江河口付近では途中で風向きが変わるので、航海日和だと思って出航しても、必ずといってよいほど難儀なことになるからである。台風など来なくても直行が難しい航路なのだ。

遣唐使の時代という、かなり進んだ航海術と大型船とを利用できるようになってもこうだったのだから、紀元前でははるかに成功確率は低かっただろう。そもそも、漂流して少数の人がたどり着くのでなく大量に渡海するというのは、往復した経験のある船乗りがそこそこいたり、仲介する商人が導いてくれないと無理な相談だ。

しかし、長江河口付近から中国沿岸伝いに少し北上し、山東半島から黄海を横断して仁川《じんせん》など半島中部に達し、朝鮮半島の沿岸を南下、そこから、対馬海峡を渡るのは、さほど難しくない。

戦乱のためか、新たな稲作適地を求めてかはともかくとして、稲作技術を持った呉《ご》越《えつ》（江蘇・浙江省あたり）のひとたちが朝鮮半島に渡ったとき、そこには、先着者がかなり高い人口密度でいたことだろう。しかも、そこは稲作には少し寒冷すぎて最適地ではなかった。

そんなときに、対馬海峡を島伝いに南へ渡っていくと広い島があり、未開だが温暖かつ水も豊富で、ふるさと呉越に似た土地がいくらでもあると聞けば、そこを目指すことになるのは自然の成り行きだった。

ともかく、寒い山東半島や朝鮮半島に絶望したのちに九州にたどりついた呉越の人たちは、それこそ、「これぞ約束の地だ」と思ったのではないだろうか。こういう噂はやがて、中国でも南の地方にも伝わっていったはずだ。なかには、はじめから日本に住むつもりで故郷をあとにした人もいただろう。

中国の呉越地方は日本人のふるさと

ここで、移民というものについて、しばしば誤解されることがある。それは、先着者はあとからやって来た者に押し出されて、さらに奥地に移るというものだ。

もちろん、ヨーロッパでの民族大移動の場合のように、東ヨーロッパにいたゲルマン人やケルト人が、東からやってきたフン族に押し出されてローマ帝国の領土だった西ヨーロッパに入ってきたということもある。だが、平和的にやって来た移民の場合は逆である。すでに開けた地方では、新参者は土地やチャンスを得られずに、奥地へ進むのがむしろ普通なのだ。

たとえば、北アメリカでは、中西部の農民というのは、ドイツとかポーランド、チェコあたりからの移民が多い。それは、ミルウォーキーのビールだとか、アイダホのポテトという名物を見ても分かる。これらは彼らが持ち来んだ食文化だ。すなわち、ドイツ人たちがやって来たとき、すでに東部の諸州はイギリス系の人たちによって占められ、農地も安くなかった。そこで新しい移民は中西部を目指したのである。幸いドイツや東欧と気候も似ていたし、そうした地方からやって来たプロテスタントの農民たちは、広い大地に散らばって住むことにも慣れていたので好都合だったのである。ブラジルでも後発の日本人移民は沿岸でなく奥地に土地をもらって散らばっていった。

それと同じように、呉越の人たちが一時的な朝鮮半島沿岸地方での滞在ののちに日本列島をめざすことが多かったのはしごく当然なのである。

中国の史書である『魏略《ぎりやく》』であるとか『梁書《りようじよ》』「東夷伝《とういでん》」に、倭人（日本人）は呉の太伯《たいはく》の末《すえ》であると書かれている。司馬遷《しばせん》の『史記《しき》』「呉太伯世家」によると、殷《いん》を滅ぼして周を建てた武王の曾祖父である周の古公亶父《ここうたんぽ》の長子に太伯があった。だが、弟の季歴《きれき》の資質が優れているのを見て、自分は黄河流域から長江の南に移って呉を建国したという。季歴は兄を呼び戻そうとしたが、太伯はみずから蛮族の象徴である入れ墨をして中原の地には戻る意志のない証にしたという。

秦《はた》氏や漢《あや》氏などの渡来人たちが、中国から半島を経てやってきたという伝承を持っていたことは、その伝承のすべてが正確ではないにせよ、呉越地方こそが多くの日本人にとってふるさとである、という記憶の反映なのではないか。

そして、むしろ、朝鮮半島の人々は百済衰退などのあと、中国系移民より後発組として移ってきたのではないか。もちろん、朝鮮系の移民が古い時代にはいなかったなどとはいわないが、大和朝廷における渡来人の扱いなどを見ていると、朝鮮系の人は後発組としてやや低く扱われている印象もあるのだ。

北方異民族風に変質した中国より日本こそ古代中国文化の正統派かも

それでは、弥生時代が始まったころ、大陸はどうなっていたかといえば、春秋戦国時代の終わりから秦の始皇帝や漢帝国による統一が進んだ時期だ。

そのころから、少しずつ日本列島に大陸の人が流れ込んできたのなら、つまり、孔《こう》子《し》や始皇帝の時代には、われわれの先祖のほとんどは、まだ大陸、なかんずく中国にいたということになる。つまるところ、日本人の先祖のほとんどは孔子が教えを説いたり、兵馬俑《へいばよう》がつくられた時代には中国人だった可能性も高いのである。

そんなことをいうと、愛国的な日本人はがっかりするかもしれないが、見方を変えれば、むしろ、わが日本人こそが、漢民族の伝統の正統派かもしれない。

和服のことを呉服というが、秦漢の時代には和服と同じ合わせ襟が中国でも主流だったのは兵馬俑を見ても分かるとおりだ。それが、南北朝時代のあと、北方異民族の風俗に従って詰め襟になった。漢字の読み方で漢音と呉音などというのがあるが、漢音は隋唐の発音で、秦漢時代は呉音らしい。

現代の中国人が日本の時代劇を見ると、「漢の時代のお話のようだ」という感想を持つらしい。義理人情といったものも漢の時代には一般的だったのが、中国では廃《すた》れたのだ。「三国志」などに日本人が共鳴するのは、そこには、近世以降の中国では希薄になった義理人情が濃厚に存在するからではないか。

そういう意味も含めて、縄文人でなく、弥生人、つまり大陸からの移住者がわれわれの先祖の主流だからといって、一方的にがっかりすることはないのである。

わが天皇陛下は明治維新の立役者である島津《しまづ》久光《ひさみつ》公の玄孫《やしやご》である。その島津家の祖で、鎌倉時代初期に薩摩・大隅・日向守護になった島津忠久《ただひさ》は、秦氏の嫡流である惟《これ》宗《むね》氏の出身である。忠久は源頼朝の子孫ともいっているが、あれは、忠久の母が頼朝の子を宿してから惟宗家に嫁に入ったと室町時代にいい出しただけで、少なくとも「戸籍上」は惟宗家の人間だったのである。

だとすれば、「もしかすると、日本の皇室は秦の始皇帝の末裔《まつえい》かもしれない」といえば、中国人も平伏するかもしれない。そこまでいわなくとも、日本文化は、春秋戦国時代から秦漢帝国のころにおける長江流域あたりの文化を基調とし、先住民たる縄文人の影響も受けつつ成立し、さらに朝鮮半島の影響が加わったというくらいなら、多くの人に納得してもらえるのではなかろうか。

❗日本語の正体は韓国語から枝分かれしたのでない

ウソ 日本語はどこの言語系統からも独立したユニークな言葉だ

本当 日本語は縄文人が使っていた単語を韓国語でつなぎ合わせたクレオール語だ

イベリア半島にスペインとポルトガルという二つの国がある。しばしば、スペイン語とポルトガル語という二つの言語があったから統一できなかったと勘違いする人がいるが、真実は逆で、二つの国のままだったので言語も独立したままになった。

もともとイベリア半島では、さまざまなラテン語の方言が無秩序に話されていた。また、数多くの王国があったが、だんだん、ポルトガル、カスティリア、アラゴンの三国に集約されて、そのうち、カスティリアのイザベル女王とアラゴンのフェルナンド王が結婚したので王冠がひとつになり、その結果、カスティリア語がアラゴンでも使われるようになったので、それをスペイン語と呼ぶようになったのだ。ポルトガルは紆余曲折《うよきょくせつ》はあるものの独立を維持したから、その方言が国語として確立し、さらには、それぞれの言葉が植民地でも使われるようになった。

独立した言語と方言のちがいは、文法とか語彙《ごい》が辞書の編纂《へんさん》などを通じて安定したものになっているかどうかだが、独立した国家にならないと難しい。

日本列島でも、大和朝廷の統一までは、さまざまな独立した言語があったことだろう。おそらく、日本語にまったく似ていない言葉もあったのではないか。

たとえば、縄文人の一派だと考えられている北海道のアイヌの人たちの言葉と日本語は、語彙については、各地の地名にアイヌ語起源のものがあったりするなどある程度の交流があるが、およそ同一系統の言語ではなさそうだ。

しかし、文字が普及していなかったから、アイヌ語に似た言葉も含めて、そうした多様な言語が消えるのも早かったはずだ。

やがて、日本という統一したクニになり、それは現在にいたるまで揺るいだことはないから、別の言葉が独自に発展することがなかったというだけなのだ。だから、もともと単一言語だったわけではないのである。

そんななかで沖縄の言葉は日本語に近いが、同じ言語とはいえないほど違う部分も多い。沖縄におけるクニの成立は日本の室町時代になってからだ。それまで、とくに、クニのようなものを作らずに暮らしていたから複雑な表現を使用する必要もなく、海上交易を通じて縁の深い日本語に近いプリミティブな言葉を話していたのだろう。それが、クニが成立してから、独自の言語としてしだいに確立し始めた。

だが、江戸時代のはじめから薩摩の支配を受け始め、明治になって完全に日本に併合されたので、以来、琉球語は別の言語としての確立が中途半端なまま消えつつある。いま沖縄の人が話すのは、日本語化された琉球語ではなく、沖縄なまりの日本語というべき、近年になって生まれた新しい言葉だ。

そんなわけだから、たとえば、もし関西が日本から独立したら、それほど時間がかからずに関西言葉は急速に関西語として確立することだろう。

日本語の成立は偶然の産物？

一方、言語を分析すると、どの人種が人口比率の上で主流だとか、国家を建設した立役者はどの民族かなどが分かると考える人も多い。だが、言語の歴史は、むしろ偶然の積み重ねであるというくらいに考えた方がよいのではないか。

英語では牛のことをカウといい、牛肉はビーフであるが、これは、フランス人たちによるアングロサクソン人征服という歴史の痕跡らしい。

イギリスにはデーン人とかアングロサクソン人とかさまざまなゲルマン系民族が入れ替わり立ち替わり現れては王国を立ててきた。ところが、一〇六六年にフランスのノルマンディー地方を支配していたノルマン系のギヨーム公がアングロサクソン系の王国を征服してしまい、それまでの歴史と断絶してしまったのである。

イギリスを征服したノルマン人たちは、もっぱらフランス語しか使わなかったし、庶民にフランス語を教育することもなかった。ところが、何世代もたってくると、通訳を介してしか人民と話せないのでは、なにかと不便だと思うようになった。

そこで、エドワード三世のころから、貴族たちも英語を話したり、公文書に英語を使うようになった。ただ、文法など言葉の構造はアングロサクソン系の言葉によったものの、単語については、高級な言葉はフランス語から借用した。このため、現在の英語でも単語の七〇パーセントはフランス語系だという。

そこで、牛を飼うのは征服されたアングロサクソン人で、食べるのは征服者のフランス系の人々というので、牛はカウ、牛肉はビーフ（フランス語で牛をブフという）になったなどと面白おかしくいわれている。

地中海に浮かぶマルタの言葉は、アラビア語方言のローマ字表記だし、スワヒリ語はバントゥー系諸語をアラビア人たちが体系化したものだ。インドネシア語というのは、さまざまな言葉があって共通語が成立しないこの国で、マレー人の商人たちが使った商業用語が発展して成立した。

いずれにしろ、新しい言語の生成に決まった法則などなく、さまざまな偶然が複雑にからみあって形作られていくものだ。現在の日本語をいくら分析したところで、成立過程を正確に明らかにすることなど、できるわけがないのだ。

住民はほとんど変わらないのに、言語だけ入れ替わってしまうこともある。たとえば、エジプトでは征服者の言葉であるアラブ語を話すが、その住民の主流は先住の古代エジプト人だといわれている。なぜエジプト人固有の言葉ではなく、アラブ語かといえば、これは、コーランがアラブ語のまま翻訳せずに使われたため、言語もそれにならったということらしい。

アルゼンチンではイタリア系の方がスペイン系より多いというが、イタリア語を使うわけではない。なぜなら、移民は一気にまとめてくるものではないからだ。

日本語の文法が朝鮮語に近い理由

そこで、日本語だが、文法構造はトルコ語などと同じアルタイ語系といわれる韓国・朝鮮語によく似ている。漢字とハングルの混合文の場合、助詞などに相当するハングルを仮名に書き換えると、そのまま日本語として読めるほどである。いまは失われた高句麗《こうくり》の言葉は、もっと日本語に似ていたともいう人もいる。

ところが、ヤマト言葉の単語については、朝鮮語との共通性は薄く、むしろ南方系のオーストロネシア系に近いものが多いのだ。

これを、私なりに推理すれば、朝鮮半島からやってきた商人とか移民が、先に日本に住んでいた南方系の人たちの使う単語を取り入れてコミュニケーションを図っているうちに、それが便利なので徐々に共通語化していったということではないか。

言語学で「ピジン言語」といわれるものがあって、意思疎通ができない異なる言語の人間で自然に作り上げられた言語をいう。その場合でも文法の枠組みを与える言語はあって、「ピジン英語」といえば英語の文法による。小笠原の欧米系島民が英語の文法で日本語の単語を使う言葉を話していたなどというのは一例だ。

そして、「ピジン言語」が定着して新しい言語として確立したものを、「クレオール言語」という。日本語は縄文人たちが話していたオーストロネシア系の言葉を「基層語」とし、韓国・朝鮮語系の言語を「上層語」として成立したクレオール言語と見て間違いないのではないか。

このような日本語の原型が成立したのは、弥生人がやってきた時とは限らず、縄文時代の可能性も強い。縄文時代といえども大陸との交流がまったくなかったわけではないからだ。

いずれにせよ、いっときに、弥生人たちが押し寄せてきて、言語も含めて移民の世界に縄文人が呑み込まれてしまったのではないということだけは日本語のあり方から推察できるのだ。

日本語と韓国語は縄文時代あたりに「枝分かれした」というような表現をする人もいるが、ふたつの系統の言葉からの借用が混交して新しい言語が生まれたとすれば、「枝分かれ」という表現は適切でない。

日本語は成立して年月がたってからも、百済などの言葉、さらには漢語、そして明治以降は英語などヨーロッパ系の単語を取り入れながら進化している。

朝鮮語で古代日本語を解釈して、万葉集などの言葉は韓国語そのものに近いなどといったり、あたかも、飛鳥時代ごろの古代日本の支配者たちが半島系だといいたがる人もいるが、これもおかしい。

そもそも日本語の文法が朝鮮語に近いのは、すでに述べた日本語の起源からすれば当然で、飛鳥時代とは遠くかけはなれた紀元前からそうなのであるし、また単語は大和朝廷が成立したあとに朝鮮半島から外来語として入ってきたものも多かったから、飛鳥時代に朝鮮語系の言葉が多く見受けられるのもまた当然である。

にもかかわらず、原日本語の成立期と見られる紀元前に朝鮮語が大きな役割をはたしたということと、飛鳥時代ごろになってそれとは全く違う単語輸入の大きな波があったということ、これら二つの、まったく関連がなく時代も違う二つの別々の動きを、ごっちゃにして論じてはならないのである。

インド人の話すヒンドゥー語が英語と似ていることが多いとしても、それは、同じアーリア語系であるというのと、近代になって外来語として英語の単語が入ったのと二つの理由があるようなものだ。

インド人が英単語交じりのヒンドゥー語を話したからといって、彼らが英国系であるわけではないのと同じように、飛鳥時代の人々が半島起源の単語をたくさん使っていたからといって、彼らが渡来人だったことにはならないのは当然である。

第二章

「神武東征」は記紀には書かれていなかった

神武天皇から崇神天皇までの大和統一への道

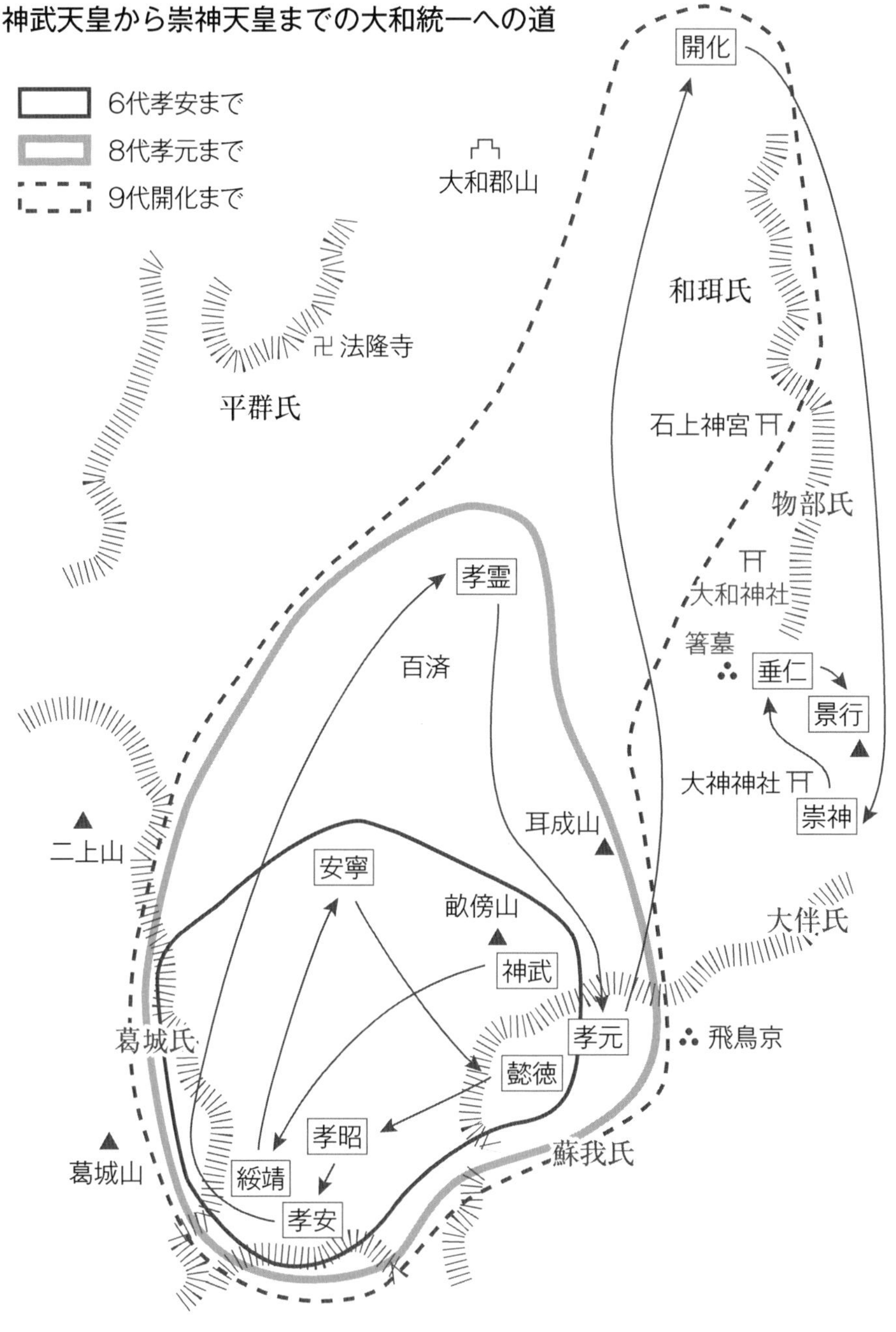

天皇家による大和統一は、「日本書紀」によれば、神武天皇が橿原でクニを建ててから10世代目の崇神天皇によって完成されたとある。その過程を探るために、ここでは、各天皇の宮都を地図に示してみた。これで見ると、第6代の孝安天皇までは大和盆地の南西部に限定されているが、第7代の孝霊天皇から拡大し始め、崇神天皇に至って纒向などがある三輪地方に及んだことが分かる。詳細はともかく、統一の進展がどのようなものであったか示唆していると見るべきだ。

！神武天皇は日向から少人数で出奔した

ウソ 日向から神武天皇は大軍勢とともに東征に出発した

本当 わずか数人だけで日向をあとにしたとしか記紀には書いてない

ほとんどの読者にとって意外だろうが、「神武東征」、つまり、「日向の領主だった神武天皇が大軍団を率いて日向から東征を開始し、やがて、大和を征服して日本を建国した」といった話は『日本書紀』にまったく書かれていないのだ。

天照大神《あまてらすおおみかみ》から数えて六代目に当たるという神武天皇は、日向の国にあったが、「東に美しい土地があると聞く。青い山に囲まれ、そこには天から饒速日命《にぎはやひのみこと》が下っているという。天下を治めるにふさわしい土地であろう」と考えて、故郷を出奔することにした。

しかし、『日本書紀』には大軍団の影も形もない。神武天皇と呼ばれることになるこの人物が日向の国で領地らしきものを持っていた形跡もない。

皇国史観の世界では、神武天皇が大軍勢を率いて東征に旅立ったと理解されており、その船出の地とされる延岡の南にある美々津《みみつ》には、皇紀二六〇〇年（西暦一九四〇年）を記念して「日本海軍発祥之地」という米内光政《よないみつまさ》揮毫《きごう》の巨大な碑が建てられた。

神武東征が意味すること

「東征」に最初から参加していたメンバーとして『日本書紀』に名が記されているのは、三人の兄弟たちと息子である手研耳命《たぎしみみのみこと》、そして途中の筑紫の宇佐で結婚したことが書かれている中臣氏の先祖の天種子命《あまのたねのみこと》だけである。大軍勢などではなく、一艘《いっそう》の小舟での旅立ちだったとしか読めないのである。とくに大事なことは、女性たちを伴っていないことだ。息子の手研耳命が一緒なのだから、神武天皇は独身ではないのだが、妻もほかの子供たちも置いてきぼりなのである。

つまり、神武天皇が土地や家来を持っていたかどうかも分からないし、もし持っていたとしたらそれを放棄して出奔したとしか読めないのだ。

何世代か後、景行《けいこう》天皇とヤマトタケルが日向に進出したときにも、先祖の墓に参るといったことを何もしていない。探したかもしれないが、はっきりとした証言は得られなかったのだろう。なにしろ、ヤマトタケルは神武天皇から一二世代もあとで、この隔たりは後陽成《ごようぜい》天皇（一五七一～一六一七）と今上陛下の関係に相当するのだから無理な話だ。

つまり、天皇家には、先祖が日向の国からやってきたのだ、という漠然としたいい伝えのみがあったと見るのが率直な読み方だろう。

現在の宮崎市には、神武天皇を祀《まつ》る宮崎神宮があって、戦前は社格の高い官幣《かんぺい》大社だった。社伝では、神武天皇が東征以前に宮を営んだところで、九州に下向してきた皇孫の建磐龍命《たけいわたつのみこと》（阿蘇神社祭神）が創祀したということになっている。しかし、康保四年（九六七）に施行された延喜式《えんぎしき》には、全国の重要な神社を網羅して指定された式内社《しきないしゃ》にも入っておらず、文献にはじめて見えるのは鎌倉時代に、当地の地頭だった土持信綱《つちもちのぶつな》が社殿を造営した時である。

そのあとも、伊東、島津、有馬など、この地の土豪たちに崇敬され、江戸時代にはこの地を飛び地にしていた延岡藩に保護されていたが、皇室とのかかわりはなかったのである。それが、明治六年（一八七三）に県社となってから全国的に注目されるところとなり、明治一八年（一八八五）には官幣大社に大出世、明治四〇年（一九〇七）になって現在のような立派な姿となったのである。

高千穂はユニバーサル・スタジオ?

ただし、神武東征伝説は、近世になって突然に創作されたものとまではいえない。平家物語には、俊寛《しゅんかん》が鬼界が島に流される途中にこの地を通ったとき、「神武天皇の宮があったところ」と表現しているし、南北朝時代に北畠親房《きたばたけちかふさ》が書いた『神皇正統記《じんのうしょうとうき》』にも神武天皇が「日向の宮崎の宮」から東征したと書かれている。

つまり、「神武東征」は『日本書紀』編纂のときには意識されなかったが、鎌倉時代には日向の国を神武天皇が支配していたような認識が生まれていたようでもある。

その空白を埋める確実な文献はないのだが、たとえば、いまは失われた『日向風土記』あたりに地方伝承として書かれていたことが出発点になっている可能性はある。ただし、これは日本各地に地方の伝承を記紀の神々に結びつけた社伝を持つ神社がたくさんあることと同列だ。

延喜式における式内社には、日向国からは四社が小社として選ばれているだけで、宮崎神宮は入っておらず、それらも一宮である都農《つの》神社(大己貴命《おおなむちのみこと》、つまり出雲神である大国主命《おおくにぬしのみこと》が祭神)など、それほど重要な神社ではない。

あるいは、日向地方に伝わる高千穂神楽はもともと仏教系の芸能でしかないことも意外に知られていない。伝承では天岩戸《あまのいわと》という洞窟にこもってしまった天照大神を外に連れ出すために舞われたとされる。高千穂神楽や天の岩戸と呼ばれる場所から神代へつながるものを感じる人は多い。だが、それは、幕末に皇国史観に基づいて神社や芸能を創り、それらしき雰囲気の場所を「天の岩戸」などとして選定し整備したのだから、そう感じるのは当たり前なのだ。

日向を訪れて「ここぞ神々の故郷」と感激する人は、ユニバーサル・スタジオに行ってジュラシック・パークの世界は実在だと信じ込みかねない。

そうはいっても、日向の国には埴輪《はにわ》が大量に出土する西都原《さいとばる》遺跡もあり、古墳時代に栄えた土地であることは間違いない。また、『日本書紀』にも、九州でも早い時期に大和朝廷の支配下に入り、日向の豪族の娘が妃になったこともあるとされる皇室と縁の深い土地である。

いずれにせよ、神武天皇、つまり、「崇神《すじん》天皇（畿内周辺を統一した第一〇代天皇）の先祖ではじめて大和に移住してきた人物」が、日向出身だったという可能性は高い、と私は思っている。

なぜなら、どの地方の旧家でも、はじめてその地にやってきたご先祖については、比較的正確な記憶が残っていることが多いものだからだ。私の親戚でも、「先祖は足利尊氏といっしょに信濃からやってきたらしい」などという者がいて、その類の伝承を嘘かと思ってたどっていくと存外に本当のことが多いのである。

徳川家康の先祖は、上野国《こうずけのくに》の世良田《せらた》（太田市）からやってきた新田一族というのは、家康の依頼で創作された偽系図によるものという説が一時は強かったが、現在では、少なくとも家康の祖父である松平清康《きよやす》の時代からそういっていたので荒唐無稽とは言い切れないことが分かっている。

しかし、少なくとも、神武天皇が日向の「領主」だったとか、大軍勢を率いて「東征」に旅立ったといったことは、平安時代以降に生まれた伝説なのだから、「『日本書紀』に神武東征が書かれている」という「常識」はきれいに忘れるべきなのである。『日本書紀』には畿内勢力が九州を征服したことを、景行天皇以降の出来事として書いているが、逆に九州勢力が畿内を征服したということは書いていないし、考古学などの観点からも、そうした可能性を示唆するものは何もない。

「邪馬台国東遷論」は、九州で建国されたクニが畿内を征服したという「神武東征伝説」には、下敷きになる何らかの事実があったからだ、というのが出発点になっている。だが、記紀に神武東征なるものが書かれているとか、日向にその痕跡を示す神社や芸能がいくつもあると信じてきた前提が間違いであるのだから、「邪馬台国東遷論」などはまったく白地のキャンバスに書かれた文学的な空想の産物でしかない。

改めていうが、九州のクニが畿内を征服して、その結果、統一国家が生まれたという可能性はゼロである。

!北条早雲のように国盗りをした神武天皇

ウソ 神武天皇は大和で立派な国を建てた

本当 葛城地方など大和盆地南西部だけを支配しただけ

日向に生まれたのちの神武天皇が、中年になって故郷を棄てた理由は、争いで負けるとか、飢饉《ききん》などもあったかもしれないが、同時に、交易をする商人などから、東の方に豊かな土地があることを知り、新天地にチャンスを求めたということもあっただろう。

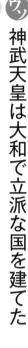

そして、少人数で豊後《ぶんご》水道を北上した集団は、宇佐《うさ》、安芸《あき》などを経て、吉備《きび》に至り、ここに三年間留まっている。

少人数の武装集団が見知らぬ土地に定着できるのは、武力で強引に侵入するか、用心棒か傭兵《ようへい》として雇われるか、あるいは特別な技術か珍しい特産品でも持っていった時ではないだろうか。

この当時の吉備は、九州や大和と並ぶ経済力を持っていたことが遺跡からもうかがえる。彼らは、土地の主要勢力のどこかに加勢することなどでこの地で安定した生活を送り、少しばかりの手下も得たのであろう。

だが、この時代に、大和地方の繁栄はすでに九州や吉備を上回るものになっていた。その評判を聞いた彼らは、また、船出して東へ向かった。当てがあったわけではないが、とりあえず、河内《かわち》の国の海岸にある村を襲ったのである。

しかし、村人たちが、このあたりに勢力を伸ばしていた、大和南部の領主、長髄彦《ながすねひこ》らに救援を求めたのか両者の戦いとなり、神武天皇の長兄の五瀬命《いつせのみこと》は戦死し、南へ逃げる途中にほかの兄たちも落命した。

だが、この戦いは、長髄彦の王国に強い動揺を与えた。すでに傲慢な長髄彦から人心が離れつつあり、とくに長髄彦の妹婿となっていた饒速日命は、吉野の豪族たちとともに、並外れた武芸の達人で、ちょっとしたカリスマ的魅力もあった新しい侵入者と組むことにした。

日向出身の武人が大和の小領主に

古い時代にあっては、個人の魅力は、現代以上に人々を魅了した。容貌、武芸、声や音楽的才能、予知能力、あるいはちょっとした手品の技術といったものによって外来者であっても神と同一視され、リーダーに選ばれたこともあった。

あるいは、「私は太陽の子孫である」という自らの家系の伝説や、夢で「大和という青い山に囲まれた豊かな土地がある。そこへ行ってクニを建てるように」とお告げを得たといったことを巧みに語る話術ものをいったかもしれない。

そして、ついに、長髄彦との一騎打ちで勝利を収めた彼は、大和平野の西南部にある橿原《かしはら》あたりで小さい領地を獲得した。これが神武天皇の「即位」である。

もちろん、日本列島全体の支配者になったわけではない。大和を統一したのですらなさそうだが、ともかくも、クニらしきものの王になったのである。

狼に育てられたという伝説を持つ、都市国家ローマの建設者ロムルスがローマ帝国の創始者であるというのと同じ意味でなら、のちに神武天皇と呼ばれる勇者が日本国を建国したというのも間違いでない。いずれにせよ、皇室の先祖で、大和に定着し、成功した最初の人物は間違いなく「誰か」いる。それすら架空というのは無意味な話だ。

戦国時代でも、北条早雲《ほうじょうそううん》とか斎藤道三《さいとうどうさん》とか、よその土地から移ってきて、戦国大名になった例はいくらでもある。あるいは、松平氏や浅井《あざい》氏の先祖のように、入り婿《むこ》という形で定着したと伝承されるケースも多い。

そういう意味で、故郷である日向を少人数で出奔した流浪の武人が、橿原から葛《かつら》城《ぎ》地方にかけての小領主に成り上がり、地元の有力者の娘と結婚したというのは、それほど不思議でもなく十分にありそうな話だ。頭から嘘と決めてかかるのはおかしいのである。

むしろ、嘘をつく理由もないから私は本当である可能性が高いと思う。

❗紀元節は建国の日というより天皇家の創業記念日だ

ウソ 二月一一日は日本国建国の日である

本当 のちに大企業に発展する零細企業の創立記念日のようなもの

神武天皇の「建国」を『日本書紀』では紀元前六六〇年だとする。だが、これでは縄文時代になってしまう。そこで、神武天皇から実在が確実視される天皇までの世代数はだいたい信用出来ると仮定して「建国」の時期を推理するとどうなるのか。

崇神天皇の全盛期は第四章でも説明するように、卑弥呼より一世代あとの三世紀なかば過ぎではないかと推定される。

もし、「記紀」が記すように崇神天皇が神武天皇から数えて一二世代目だとすると、一世代を約二〇年で計算して遡ると、神武天皇の「建国」は紀元前後あたりということになる。倭奴国王《わのなの》のころである。これでは少し遡りすぎるとみて、親子による継承ばかりでなく、実際は兄弟などによる継承もあったとして、崇神天皇と神武天皇は数世代の差だとすれば、「建国」は二世紀ごろということになって、この方がリアリティがありそうな印象だ。

いわゆる「倭国騒乱」の時代だ。中国の史書によれば二世紀の日本列島は、戦乱の時代だった。もし、邪馬台国が九州にあったとすれば、北九州はやがて一人の女王のもとに団結するはずだった。

そして、北九州以上に経済や文化が栄えていた大和盆地では、いくつものクニが割拠していくが、なかでも、盆地の東南部にある三輪山《みわやま》の麓の纏向《まきむく》あたりは、もっとも豊かな土地だった。

神武天皇がささやかだが強固な小王国を築いたのは、それよりもう少し南西の葛城山の麓に拡がる地域である。

家族を置いてきぼりにして故郷を出奔したらしい神武天皇は、大和の豪族の娘たちを妻としたが、そのなかでも彼の心を捉えたのは、葛城の事代神《ことしろぬし》（大国主の子ともされる）の美しい娘だった。

こうして大和盆地の南東部を支配下に置いた神武天皇は、畝傍山《うねびやま》の東南の橿原の地に宮を営んだ。畝傍山（標高一九九メートル）は、大和三山のなかでもっとも高い山で、毅然とした美しさを誇り、この地に建国神話の地にふさわしい風格を与えている。

その麓の神武天皇陵には、壬申《じんしん》の乱（六七二年）の際に天武《てんむ》天皇が参拝して先勝祈願をしたという記述もある。その後、中世になって不明になっていたが、江戸時代になって、奈良県橿原市大久保町の山本ミサンザイ古墳が、畝傍山東北陵としてその陵墓とされた（橿原市大久保の畝傍山東北陵）。

畝傍山から約東北に三〇〇メートル離れたところだ。四月三日には宮中でも神武天皇祭が行われ、山陵にも勅使が参向する。また、両陛下をはじめ、皇族方もしばしば参拝に訪れている。

橿原神宮は、神武天皇が畝傍山の東南・橿原の地に宮を建てられ即位の礼を行われたとして、その宮跡に、明治二三年（一八九〇）に創建されたもので、昔からあった神社ではない。

神武建国を現代にたとえると…

いずれにしろ、『日本書紀』が伝える神武天皇の即位日である二月一一日をもって戦前は「紀元節」とし、現在でも「建国記念の日」とされている。私は、この日が建国の日にふさわしくないとは思わないが、本当は、むしろ、「皇室の日」にでもしたらどうかと提案している。

イギリスでは国王（女王）誕生日がナショナル・デイ、すなわち建国記念日だが、代替わりごとに変わるのも面倒な話だから、六月の第二土曜日（第一、第三の年もある）を公式の誕生日として祝っている。それと同じように、日本国の象徴たる皇室の誕生日を二月一一日にお祝いするという方が素直なのではないかと思うのだ。

こうした日本建国の経緯は、具体的な年代についてはともかくも、大きな流れとしては、考古学的な研究成果とも、中国などの史書とも一切の矛盾は見あたらないのである。

あとで詳しく書くが、邪馬台国畿内説で注目される纒向遺跡などの三輪地方で栄えた国は、崇神天皇によって支配下に収められ、仲哀《ちゅうあい》天皇は卑弥呼たちより一世紀もあとになってようやく北九州に姿を現したということで、すべてが説明できてしまうのである。

たとえていうなら、神武天皇とは、のちに全国的な大企業に発展する会社を、その何世代か前に零細企業として創立したご先祖というわけだ。

分かりやすいように、現代の企業のうち、任天堂に当てはめるなら、崇神天皇が一九七七年にファミコンを作り始めて世界的企業にした山内溥《やまうちひろし》とすれば、神武天皇は、その曾祖父で、一八八九年に京都の正面通《しょうめんどおり》で「任天堂骨牌」を創業し花札製造を始めた山内房治郎《ふさじろう》みたいなものである。

その意味では、天皇家にとって神武天皇がもっとも大事な存在であることはたしかだが、日本の国の歴史においては、神武天皇の「建国」は、『日本書紀』を全面的に信用するとしても、その当時におそらく何百と存在したクニのひとつが誕生したという小さな出来事に過ぎなかったのである。

❗欠史八代はそんなに不自然なことだろうか

ウソ 二代目以降が曖昧なのだから初代についての伝承も嘘だ

本当 はじめてその地にやってきた先祖だけ憶えているのはよくあること

神武天皇の皇子である第二代綏靖《すいぜい》天皇から第九代の開化《かいか》天皇までは、具体的な事績が明らかでないので、「欠史八代」といわれている。

このことから、神武天皇も架空でないかといわれることがあるが、初代についての記憶は、それ以降の世代のそれよりいい伝えられやすいのが当たり前だ。途中の代が不確かだから初代はそれ以上に怪しいというのは、非論理的で馬鹿げている。

第二代の綏靖天皇は、神武天皇が日向から連れてきたのでなく、大和に来てから生まれた子だ。はじめは、日向生まれの子である手研耳命が跡を継いで、父の皇后であった媛蹈鞴五十鈴媛命《ひめたたらいすずひめのみこと》の妹の五十鈴依媛命《いすずよりひめのみこと》を妻としたという。

しかし、手研耳命は皇后と神武天皇の間に生まれた弟たちを殺そうとしたので、皇后は歌に託してこのたくらみを子供たちに知らせた。そこで、神渟名川耳尊《かむぬなかわみみのみこと》（綏靖天皇）と兄の神八井耳命《かむやいみみのみこと》は、片丘（奈良県北葛城郡王寺町）で手研耳を襲った。ただ、神八井耳命は恐怖で手が震えて矢を放てなかったので、神渟名川耳尊が手研耳命を殺したので、神八井耳命は神官となり、神渟名川耳が天皇として即位した。

こうした、史実でなければ記すのが不都合な経緯が具体的に書かれている以上は、その基礎となる出来事が何かあったとみるべきだ。この綏靖天皇の皇后は事代主神の娘で母の妹である。

葛城王朝説は成り立たない

そのあとしばらくは、記紀に書かれているのは、妃が誰の子かということと、どの氏族が子孫であるか、宮がどこに営まれたかだけである。これらを七世紀に有力者の先祖を登場させるために捏造したという見方もあるが、これらの記述の背後に史実が何もないというのも自然ではない。

どの豪族が早くから皇室と関係を持ったかというのは、豪族、天皇双方にとってたいへん大事なことだから、そう簡単に捏造を許すものではないと思うのである。焦点が合わないぼんやりとした写真のようなものではあるが、目を凝らして観察を続ければ、そこに、いくばくかの史実が反映されている可能性はある。

記紀が伝える欠史八代の宮跡や妃たちの出身地は、大和盆地の南西部に集中している。とくに「葛城地方」と呼ばれる地域が重視されているようだ。葛城地方の範囲はあまり明確でないが、律令体制になって葛上郡《かつらぎのかみのこおり》、葛下郡《かつらぎのしものこおり》、忍海郡《おしみのこおり》（明治になって南北の葛城郡に再編された）だった地域のことで、現代でいえば、御所《ごせ》市、大和《やまと》高田《たかだ》市、香芝《かしば》市、葛城市、北葛城郡あたりだ。

これをもってこの地に現在の皇室とは違う系統の葛城王朝が存在し、のちに三輪地方を根拠とする王朝に取って代わられたという人もいるが、考古学的にも、三輪地方の方が栄えていた時代であるから、現在の皇室がそちらの出身であれば、わざわざ葛城王国の貧しい王者たちを自らの先祖であると史実を捏造する動機がありうるだろうか。

やはり、皇室の先祖がこの時代、葛城地方を根拠地として、三輪地方の勢力と対峙していたと素直に見る方がよほど自然であろう。

第三代安寧《あんねい》天皇は、葛城地方と縁が深く皇后も渟名底仲媛命《ぬなそこなかつひめのみこと》（豪族鴨王の娘か）とされる。第四代懿徳《いとく》天皇の皇后である天豊津媛命《あまとよつひめのみこと》は、兄である息石耳命《いきそみみのみこと》の娘である。末子が相続し長兄の娘を娶《めと》るというパターンである。

第五代孝昭《こうしょう》天皇の皇后は世襲足媛命《よそたらしひめのみこと》で、のちに尾張地方を支配する尾張氏の祖である瀛津世襲《おきつよそ》の妹である。尾張という地名もこの氏族の名に由来するともいわれる。天皇の子である天足彦国押人命《あまたらしひこくにおしひとのみこと》は、和珥《わに》氏・春日《かすが》氏・小野《おの》氏・粟田《あわた》氏・柿本《かきのもと》氏・大宅《おおやけ》氏等の祖である。

第六代の孝安《こうあん》天皇、皇后は同母兄である天足彦国押人命の娘・押媛命《おしひめのみこと》（忍鹿比売命《おしかひめのみこと》）である。室秋津島宮《むろあきつしまのみや》にあったが、秋津島というのは、日本全体の代名詞として使われることもあるが、もともとは葛城地方のことらしい。

第七代の孝霊《こうれい》天皇は、箸墓《はしはか》古墳の被葬者であり、邪馬台国畿内説で卑弥呼その人である可能性を指摘される倭迹迹日百襲媛命《やまとととひももそひめのみこと》の父である。皇后は細媛命《くわしひめのみこと》（磯城《しき》県主大目《あがたぬしおおめ》の娘）である。磯城県主は、磯城郡周辺の豪族らしい。

それまでの天皇の宮は葛城地方に置かれていたが、孝霊天皇は皇后の実家の地盤で纒向などの少し北にある田原本《たわらもと》付近に本拠を移している。倭迹迹日百襲媛命の同母兄弟に吉備津彦命《きびつひこのみこと》がある。桃太郎とは吉備津彦命のことで、吉備津彦命が生まれたのは孝霊天皇の宮だろうというので、ここが「桃太郎生誕の地」ということになっている。

第八代の孝元《こうげん》天皇自身の事績は不明だが、埼玉県稲荷山《いなりやま》古墳出土の金錯銘鉄剣《きんさくめいてつけん》に、皇子で阿倍臣《あべのおみ》、膳臣《かしわでのおみ》、阿閉臣《あへのおみ》、狭狭城山君《ささきのやまのきみ》、筑紫国造《ちくしのくにのみやつこ》の祖であるとされる大《おお》彦命《ひこのみこと》のことが書かれている。

皇后は穂積臣《ほづみのおみ》から出た欝色謎命《うつしこめのみこと》である。穂積臣は物部《もののべ》氏と同じく、神武天皇に先立って大和に降りてきた饒速日命の後裔である。日本人の姓で佐藤さんに次いで多い鈴木さんは、紀州海南《かいなん》市の大白《おおじろ》神社の社家であった穂積氏系の一族に属している。

第九代開化《かいか》天皇の皇后となった伊香色謎命《いかがしこめのみこと》（物部氏の祖・大綜麻杵《おおへそき》の娘）は、もともと孝元天皇の妃だった。孝元天皇の子として彦太忍信命《ひこふつおしのまことのみこと》を生んだ。これは、武内宿禰《たけしうちのすくね》の祖父で、葛城《かつらぎ》氏・蘇我《そが》氏・平群《へぐり》氏・紀《きの》氏が子孫であるが、開化天皇と再婚して崇神天皇の母となった。開化天皇の率川宮《いざかわのみや》は奈良市内にあった。

こうして天皇家は、纒向遺跡などがあって全国でも有数の先進地域だった大和盆地の南東部の三輪地方にだんだん近づいていった。

この章の冒頭に掲げた地図では、各天皇の宮跡を矢印で結んで天皇家による勢力拡大の様子を時系列で示してみたが、三輪方面の周辺地域をまず押さえて、最後に本丸ともいえる纒向周辺を手に入れたことが浮き彫りになっているのである。

＊古代の宮都の跡については、『マニアのための京・近江・大和・伊賀～隠れた三つ星観光ルート案内』（京滋奈三・広域交流圏研究会＋八幡和郎）に詳しい交通案内などを掲載している。

第三章

畿内勢力が筑紫に初登場したのは邪馬台国が滅びてから

大和朝廷の全国統一はこう進んだ

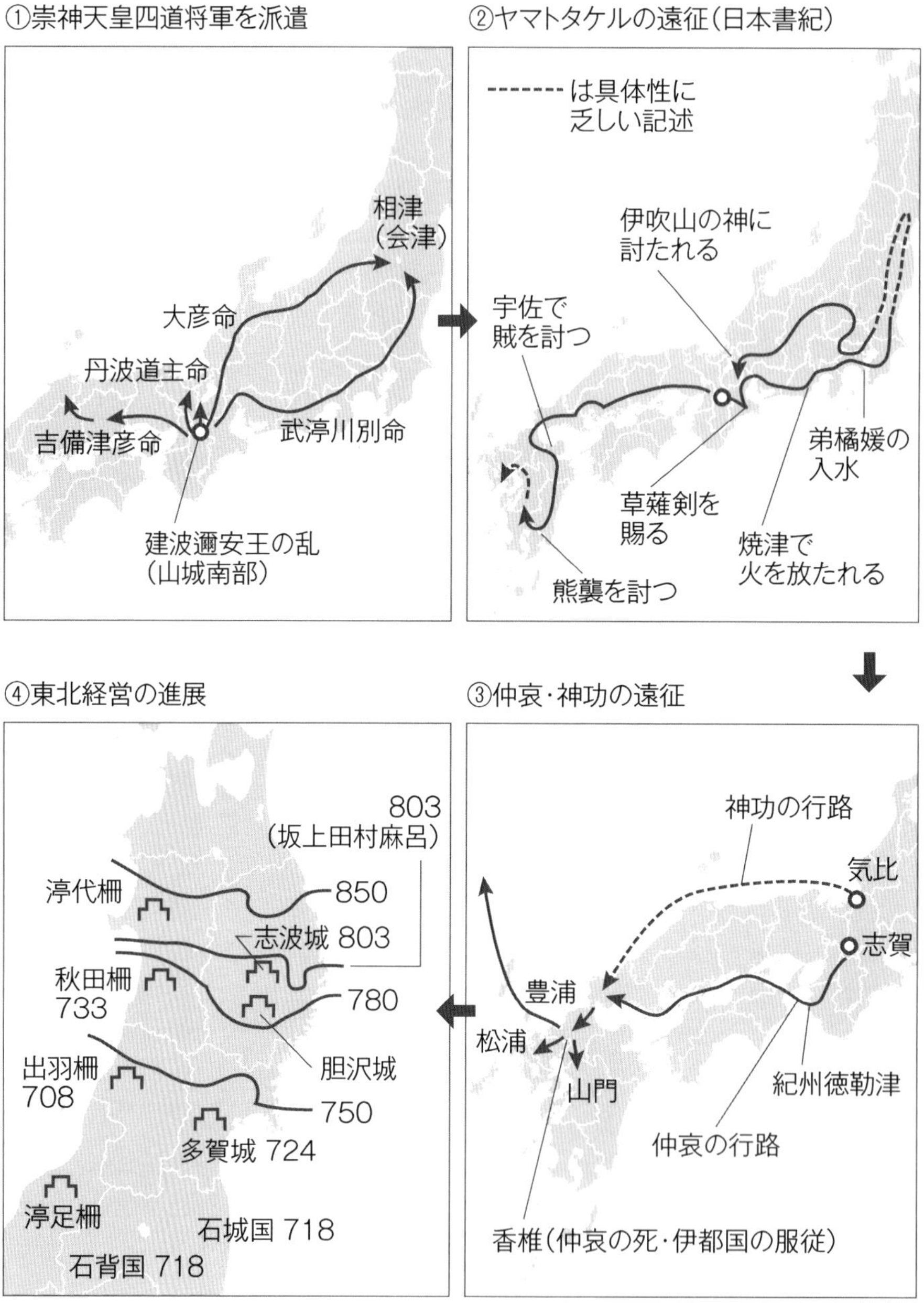

この四つの図で示したのは、「日本書紀」などに記された日本統一の過程である。きわめて現実的で説得力があるもので、とくに疑うべきものとは思えないのだがどうだろうか。

❗崇神天皇のもとで大和統一から本州中央部制圧へ

ウソ 崇神天皇の即位で葛城王朝から三輪王朝に皇統が交替した

本当 先進国三輪が後進国葛城を征服したなら葛城王朝の先祖は無視するはず

崇神天皇は御肇國天皇、神武天皇は始馭天下之天皇と『日本書紀』で書かれていて、読み方はどちらも「はつくにしらすすめらみこと」である。奇異という人もいるが、老舗で小さい店をはじめて開いた先祖と、合併などして大企業に発展させた社長を、両方創業者として顕彰しているようなもので、何もおかしなことではない。

ところで、こんどは、欠史八代が実在していたとしても、開化天皇までは葛城王朝で、崇神天皇からは三輪王朝ではないかという説もある。だが、それはおかしい。なにしろ『日本書紀』には崇神天皇が「大和を統一した」ということが書いてあるのであって、葛城地方を本拠にした天皇家が崇神天皇より前から三輪地方を支配していたとはしていないのである。

しかも、この時代に葛城地方より纒向など三輪地方の方が栄えていたことも明白なのだから、もし、三輪地方の王が葛城地方の王を破って大和を統一したのなら、皇統譜を赤の他人である葛城地方の王者につなげる動機など普通に考えてないはずだ。ごく普通に三輪王朝の先祖の話から建国の経緯を展開すればよかったはずだ。

記紀にある皇統譜は、後進国だった葛城地方のクニの王者が、先進国だった三輪地方のクニを征服するか乗っ取ったかによって支配するようになったことを示しているのである。

つまり、葛城王朝論というのも、神武東征による統一国家成立という、近世の皇国史観に引きずられ、崇神天皇より前から天皇家が大和を代表する王者だったという、記紀に書かれているのとは違う誤った常識を前提に組み立てられた珍説にすぎない。記紀では崇神天皇が三輪地方を支配下において、その地方の神々や豪族を取り込んだと書かれているから、そこで、たとえば、歴代天皇の名前の付け方なども含めて大きな変化があるのは当然のことではないだろうか。

崇神天皇による纒向乗っ取り

欠史八代の時代に葛城地方と三輪地方のクニ同士がどういう関係にあったかについて記紀ははっきり書いていない。ほかのクニも含めて友好的に共存していたのか、血で血を洗うような戦闘状態だったのか、あるいは、対等の関係だったのか、どちらかを盟主にしていたのか、すべては想像の世界でしかない。

ただ、統一王権といったものはなく、多くのクニが争ったり、婚姻などを通じて協力関係になったりを繰り返しており、その時々の指導者の資質などで力関係も変化する流動的な関係にあったとみるべきだろう。

戦国時代でも、強い戦国大名の支配が確立するまでは、各国で土豪たちが対等の立場で並立するようなことも多かった。それに、当時の結婚がもし入り婿のような形をとっていたとすれば、皇室の先祖に当たる皇子たちも母親の実家で育てられることが多かったかもしれない。

いずれにせよ、皇室の先祖が葛城地方を中心に活動し、一方、考古学的にも明らかなように、纒向など三輪地方がもっとも栄えていたのだから、崇神天皇より前の皇室は、大和の国における最大の勢力だったとは思えない。

ところが、崇神天皇は纒向など三輪地方も支配下に入れ、宗教的にも高い権威を持っていた三輪の神を統治機構のなかに取り込んで、大和の統一を完成させたようだ。『日本書紀』には、崇神天皇が三輪地方を支配するについて激しい戦いがあったとは書いていないから、纒向のクニを攻め滅ぼしたというより乗っ取ったかたちで大和は統一されたのであろう。

天皇家はこうして「日本列島第一の王者」となった

そして、これ以降、崇神天皇は大和の外へ打って出て支配を拡大していく。企業の合併でもそうだが、国家にとってどの豪族や地域がどういう「順番」で傘下に入ったかということは「序列」に関わるとても重要なことで、もっとも消えにくい記憶のはずだから、記紀の記述はそうデタラメではないと思う。

まず、崇神天皇は、山背《やましろ》方面（京都府）にあった武埴安彦命《たけはにやすひこのみこと》（叔父ということになっている）の勢力と、畿内の覇権をかけて厳しい戦いを行って勝利をおさめた。そして北陸、東海、丹波《たんば》、吉備への四道《しどう》将軍を派遣し、尾張や紀伊の土着勢力の娘を後《こう》宮《きゅう》に入れている。

皇子の一人は北関東の毛野《けの》へ移住させた。出雲《いづも》では内部で争いののち、崇神天皇の支配下に入った。この出雲との関係については、第四章でまとめて扱いたい。

つまり、このころになると、大和朝廷は畿内を中心に東海、北陸、中国あたりまで覇権を確立し、さらにその外側との接触も盛んになってきたということだ。

崇神天皇の皇子である第一一代の垂仁《すいにん》天皇は、二番目の皇后で景行《けいこう》天皇の母となる日葉酢《ひばす》媛命《ひめのみこと》が死んだとき、殉死を悪習と考え、家臣たちに意見を求めたところ、野《の》見宿禰《みのすくね》が生きた人間の代わりに埴輪《はにわ》を埋納するように提案し、后の陵墓に人や馬に見立てた埴輪が埋納されたという。

この野見宿禰は相撲の祖でもある。纒向珠城宮《まきむくのたまきのみや》跡から、さらに東へ進むと穴師坐《あなしにます》兵《ひょう》主《ず》神社があって、「宿禰蹴速角力之跡《けはやすもうのあと》」の碑がある。野見宿禰が垂仁天皇の御代に葛城の当麻《たいまの》蹴速と相撲をして蹴速を蹴り殺したという伝説に基づくもので、これが「相撲の発祥」だ。

出雲出身の野見宿禰が、葛城地方の当麻蹴速と戦って勝ち、その遺領を与えられたというのも興味深い。この野見宿禰は土師《はじ》氏の祖となった。のちに菅原氏、大江氏などに分かれたが、加賀の前田家や伊予松山の久松家は（やや怪しいが）菅原氏、長州の毛利氏は（こちらは確かに）大江氏であるから、その先祖ということになる。

崇神天皇が服属させた三輪地方の豪族や、それとつながりの深い勢力が、新しい大和朝廷のなかにきちんと組み込まれ、巨大な墳墓（古墳）が、大和朝廷およびそれとつながる権力の象徴として特別の意味を持つようになったことがうかがえる。

神事では、伊勢神宮が創建された。もともと宮中で祀られていたが、崇神天皇のとき天照大神の御杖代《みつえしろ》である皇女豊鍬入姫命《とよすきいりびめのみこと》によって宮の外に出され、大和の宇陀《うだ》から伊賀《いが》・近江《おうみ》・美濃《みの》・尾張《おわり》を経て伊勢《いせ》に入り現在地に至った。神託により、伊勢は常世《とこよ》の国からの波が何重も寄り来る国であり、辺境ではあるが美しい国なのでこの国に鎮座しようとしたという。

また垂仁天皇は屯倉《みやけ》（皇室の直轄地）をはじめて設けたともいう。天皇家が部族連合の最有力者から、王者として成長していく端緒ということであろう。

崇神天皇の時代には、任那が朝貢してきたとあるが、朝鮮半島の人でプレゼントを持って挨拶に来たものがいたという程度に理解すれば不自然ではない。ささやかなことだが、「記紀」に記された大和朝廷の国際舞台への初登場ということである。

記紀はこの程度のつましやかながら任那との交流を記憶すべき出来事として書いているのだから、もし、邪馬台国が大和朝廷そのもので、しかも、それが纒向などにあったとすれば、中国との交流の記憶を当然に書き残しているはずである。そうでないということは、大和朝廷が邪馬台国そのものである可能性はないと見るべきだろう。

『日本書紀』の垂仁天皇の項には、朝鮮半島との交流も具体的な記述が出てきている。新羅が任那王への贈り物を強奪したとか、新羅の王子である天日槍《あめのひぼこ》が敦賀《つるが》（角鹿《つのが》）に来朝した、などである。

つまり、越《えつ》の国や出雲などを通じ、北九州を経由せずになされる交流が、大和と朝鮮半島の間で細々としたものだが始まったのが、このころだという歴史認識を記紀は示しているのである。だが、洛陽の都はまだ知らない世界でしかなかった。

！ヤマトタケルは関東と南九州を征服した

ウソ 邪馬台国は筑紫から大和に東遷した

本当 筑紫地方にはヤマトタケルも足を踏み入れられなかった

ヤマトタケル（日本武尊、『古事記』では倭建命）は景行天皇の息子である。父の命令で全国に遠征し抜群の功績を挙げたが、負傷がもとで若死にし、みずからが天皇として即位することはなかった。

この早すぎる死を人々は悼《いた》み、数々の英雄伝説が語り継がれることになった。その内容についての『古事記』の記述はじつにドラマティックであるが、それはここでの関心ではない。

古代史においてこの景行天皇とヤマトタケルの親子が大事なのは、関東と南九州を征服して大和朝廷の版図《はんと》に入れたことである。崇神天皇は大和を統一し、本州中央部を支配下におさめた。しかし、この時代には九州に支配が及んだ形跡はない。関東へは将軍を派遣したとはいうが、影響力も限られたものだった。

その孫である景行天皇は、紀伊や美濃を巡回し、多くの地方の支配者として子供たちを送り込んだ。南九州の熊襲《くまそ》が反乱を起こしたというので、西国への遠征を行い、穴門《あなと》（長門《ながと》）の女酋長を倒して九州へ入り、豊前《ぶぜん》に行宮《あんぐう》を置いた（福岡県京都《みやこ》郡）。さらに、豊後《ぶんご》、日向と進み熊襲を征服した。このあと、大和への帰路、天皇は火の国（熊本）や筑紫《ちくし》（福岡）を経由して各地に滞在したという。

だが、熊襲は再び反乱を起こす。そこで、天皇は最初の皇后・播磨稲日大郎姫《はりまのいなびのおおいらつめ》（吉備氏の系統）との子であるヤマトタケルに命じて熊襲を討った。このとき、尾張から援軍を得ており、大和朝廷の軍事的動員体制がより広汎になったことがうかがえる。

農耕文化の東進は、先住民の農耕民への転向と農耕民の移住との両方によって進んだが、大和朝廷は農耕民を狩猟民から守るという期待の下で東国に進出していったのであろう。

ヤマトタケルは、伊勢神宮に立ち寄ったあと、尾張を経て東海道を下り、さらに相模《さがみ》から上総《かずさ》、さらには陸奥《むつ》へと進み、常陸《ひたち》、甲斐《かい》、武蔵《むさし》、上野《こうずけ》と巡り、碓氷峠《うすい》から信濃《しなの》に攻め入り、部下を越後《えちご》方面に派遣した。関東の最先進地域であった毛野で、強い抵抗を受けたことが書いていないのは、早くから大和朝廷と友好関係を持っていたということだろうか。

ヤマトタケルは蝦夷を捕虜として連れ帰ったが、彼らは容易に同化せず、伊勢や大和でも、治安を乱すことが多かったので、これを四国や中国地方に移住させた。これ以降も、蝦夷、隼人《はやと》、あるいは渡来人などを大量に支配下に置いた時、大和朝廷は彼らと全国に広く分散することによって巨大な反乱勢力となることを未然に防止している。これは、彼らにとって辛い処遇だったかもしれないが、国家の統一を維持するためには賢明な処置だった。

尾張へ戻ってきたヤマトタケルは、近江・美濃国境にある伊吹山付近の戦いで負傷したのがもとで、伊勢の鈴鹿《すずか》地方で死亡する。景行天皇は、これを惜しみ、息子の征服した国を自ら見るために、東国を巡行し、上総まで達した。さらに、皇族の一人を東国の都督に任じ常駐させることとした。

邪馬台国東遷は一〇〇パーセントない

さて、こうした各地への遠征についての物語で注目したいのは、景行天皇とヤマトタケルによる大和朝廷の勢力拡大が、関東と、瀬戸内地方、南九州が中心だったことだ。つまり、筑紫地方には攻め込めず、長門から豊前、豊後どまりだった。『日本書紀』には熊襲征伐の帰途に肥後球磨《ひごくま》郡《ごおり》、葦北《あしきた》郡、肥前高来《ひぜんたかき》郡（諫早《いさはや》）、肥後阿蘇《あそ》郡、筑後浮羽《ちくごうきは》郡を巡ったとしているが、地名の列挙のみで、具体的な征服の記録はない。

つまり、寒冷地である東北方面を別にしてほぼ本州の制圧に成功したのに、筑前から肥前の朝鮮半島との海峡に面した地域はまったくの手つかずであるし、肥後や筑後、それに肥前のうち島原半島付近も名前が列挙されているに留まる。

まさに『魏志倭人伝』で列挙された地名や、邪馬台国九州説において邪馬台国の所在地であったのではとされている筑紫地方（とくに玄界灘沿岸）が大和朝廷が支配できない最後の土地として残ったのである。それはまた、大陸との交流のもっとも主要な窓口であり、とくにどこよりも、朝鮮半島と密接な関係を有する地域なのである。

このように、『日本書紀』が、筑紫地方が大和朝廷に最後まで完全に服属しなかった地域であるという認識を示していることは、重大であろう。

邪馬台国が東遷して大和朝廷になったという説（その東遷の時期を卑弥呼の時代の前かあとか両方のかたちで）が根強く存在するが、筑紫地方を大和朝廷に服属しない最後の砦《とりで》とする記紀が示す歴史認識とは一八〇度食い違っているのである。

筑紫が大和朝廷の父祖の地であり建国の地であるのなら、記紀において、わざわざ、どの地方よりあとに服属したとする動機はなんだったのか、まったく、説明不可能で、ありえない説だと思うのだ。

近江高穴穂宮への遷都は実際にあった

景行天皇の都だった纒向《まきむくの》日《ひ》代宮《しろのみや》は、垂仁天皇の纒向珠城宮から穴師坐兵主神社へ向かう道の途中にあって、芝垣に囲まれた石碑が立つ。「纒向の　日代の宮は　朝日の　日照る宮　夕日の　日がける宮　竹の根の　根垂る宮　木の根の　根蔓《ねば》ふ宮」と

『古事記』に歌われた宮である。

このあたりからは、大和盆地全体が広く見渡せ、「倭《やまと》は 国のまほろば たたなづく 青垣《あおがき》山隠《やまごも》れる 倭しうるはし」と天皇が詠んだ風景がこれかと実感できる。視界の右前方に巨大な景行天皇陵が姿を見せる。

ただし、景行天皇はその晩年に纒向日代宮から近江志賀高穴穂宮《おうみしがのたかあなほのみや》に都を遷《うつ》したという。高穴穂宮があったのは、大津京跡の少し北にあたる穴太《あのう》というところだ。安土城の石垣などで有名な穴太衆の本拠である。京阪電鉄石坂線の終点坂本から二つ目の穴太《あのお》駅で降りて山手に行くと、高穴穂神社がある。祭神は景行天皇で、仲哀天皇が宮中に祀ったのが始まりとされている。本殿の背後に、高穴穂宮の跡碑がある。

この近江への宮の移転は、史実でないという人が多い。場所が近いことから、天智天皇の大津京への遷都のアナロジーにすぎないともいう。だが、史実でないのに近江への遷都を記紀が記したとするのは余計に不自然だ。とくに、日本書紀は天武天皇（？〜六八六）の意向でその編纂が始まったとみられ、また、舎人皇子《とねりのみこ》のような天武天皇に近い人たちがその作業に関わっているのだから、とうぜん天智天皇の大津京への遷都は否定的にとらえてよさそうなものだ。にもかかわらず、そうしないで、すでに三世紀も前に前例があるなどと書く動機はない。わざわざ天智天皇の大津京の正統性を補強するような材料を捏造してまで書く意味は何なのか理解に苦しむ。

もちろん、宮といってものちのような本格的な都城などではないが、ある時期、支配が全国に拡がった大和朝廷において、天皇が東国開発などを見込んで大和から少し離れた前線基地に本拠を移したということは、あり得る話なのではないか。

大和朝廷の場合、大和周辺や西日本が豪族たちの領地に分割されてしまっているのに対して、東国は皇子たちなど皇族系の新興勢力の手で開発されていったのは、平安時代や中世に至るまで一貫した傾向だ。

景行天皇やヤマトタケルによって征服された土地に、天皇家に近い新しい領主が派遣され、彼らが政権を支える勢力になっていったという背景があり、彼らを支援しやすい、また反対に、彼らの支援を受けやすい近江に宮を移したというのは非現実的な話ではない。

景行天皇の跡を継ぐべきなのはヤマトタケルだったが、若くして死んでしまった。そこで、弟である成務《せいむ》天皇が、ヤマトタケルの子である仲哀天皇までのつなぎのような形で皇位についた。

成務天皇のときには、諸国において国郡《くにこおり》・県邑《あがたむら》を定め、造長《くにのみやつこ》・稲置《いなぎ》を任命したというから、宮を前線基地として、効率的に軍や役人の派遣を出来るようにしたのではないか。

❗卑弥呼は九州の女酋長。神功皇太后こそ倭国初代女王

ウソ　神功皇太后は卑弥呼に着想を得た神話的な架空の人物である
本当　記紀における神功皇太后の業績は具体的で否定する理由がない

『日本書紀』での筑紫地方についての最初の具体的な記述は、仲哀天皇と神功皇后の項である。それによれば、早くから大和朝廷がこの地方に強い支配力を行使していたわけではなさそうだし、かといって、両勢力の大戦争があったとも書いていない。

ひとつの想像としては、(邪馬台国九州説に立てばその滅亡ののち)小国に分裂していた九州が、熊襲の圧力からの防衛や大陸戦略上、徐々に軍事大国大和の宗主権を認めるようになったということであろうか。

戦国武将でもそうだが、ある地域を征服するきっかけになるのは、その地の土着勢

力からの救援要請である。長尾景虎《ながおかげとら》（上杉謙信）は、北条氏によって上野国から追われた上杉憲政《のりまさ》らの要請で関東に進出し小田原城を囲んだし、豊臣秀吉は大友宗麟《おおともそうりん》からの救援要請に応じて島津を攻めた。

おそらく、直接に熊襲の脅威にさらされていた日向は、早い時期に大和朝廷の影響下に入って後押しを受けていたのだろう。それに対して、北九州諸国は大和朝廷の援助を求める動機もなく、豊かな通商国家として独立独歩だったのではないか。

ところが、南九州を制圧した大和朝廷の勢威を見て、これを無視できなくなり、また、むしろ友好関係を築いてその力を大陸諸国との対抗上も利用してやれ、という考えが優勢になっていたのであろう。

ちょうどそんなころ、仲哀天皇と神功皇后が親征してきたのである。仲哀天皇はヤマトタケルの息子である。『古事記』に、「若帯日子天皇《わかたらしひこのすめらのみこと》（このころの仲哀天皇の叔父である成務天皇）、近つ淡海の志賀の高穴穂宮に坐しまして、天の下治らしめしき」とあるように、このころの宮は近江にあった。仲哀天皇は高穴穂宮にいたが、敦賀（角鹿）に行宮を建てたり、紀伊方面を巡幸した。その途中、熊襲が反乱を起こしたというので、長門豊浦宮へ向かった。

敦賀に留まっていた神功皇后は日本海まわりで軍勢を率い仲哀天皇に合流した。天皇は、さらに筑紫香椎《かしい》の宮（福岡市東区）に移ったが、このとき、『魏志倭人伝』でお馴染みの伊都の領主などが服属する。

その際、伊都県主《あがたぬし》の五十迹手《いとで》らは、白銅鏡、八尺瓊《やさかに》、十握剣《とつかのつるぎ》を差し出したとある。これに先立ち景行天皇に周防国《すおうのくに》娑麼《さば》の神夏磯媛《かみなつそひめ》が、八握剣《やつかのつるぎ》、八咫鏡《やたのかがみ》、八尺瓊《やさかに》を差し出したといい、北九州やその周辺でこれらが王者のシンボルとして扱われてきた様子がうかがえる。

ところが、ここで、貧しい土地である熊襲を攻撃するより、大陸の新羅を討つ方がよいという意見が出る。「神が神功皇后に告げた」というが、もとは北九州の国々から出た考えだろう。皇后はこれを支持するが、天皇は退け、なおも熊襲を攻撃したが、勝利をえないまま死んだ。

琴を弾いていた仲哀天皇は、灯りが突然に消えて暗くなったのち、再び灯りが点《とも》ったときには事切れていたという。暗殺の可能性も感じられる記述だ。

神功皇后の大陸遠征が日本外交の世界へのデビューである

仲哀天皇の死を受けて、神功皇太后が軍を指揮することになり、まず、熊襲を平定し、ついで筑紫周辺の反対勢力を抑え、肥前の松浦にまで進出した。そして、ようやく新羅に渡り、その王を降伏させ、さらには、高句麗や百済も自然と従うこととなった。これ以後、これらの国は日本に貢物を送るようになったという。

こうして、九州や朝鮮半島で大きな軍事的成功をおさめた神功皇太后は、仲哀天皇の死後になって生まれた子（のちの応神天皇）を連れ、畿内への帰路についた。しかし、仲哀天皇が別の妻に生ませた忍熊皇子《おしくまのみこ》などの王子たちが、応神天皇の即位に反対し、東国の軍勢の応援を得て待ち受けた。神功皇太后は紀伊《きい》などの軍勢の支持を取り付け、宇治《うじ》、逢坂《おうさか》山（京都と大津の中間の峠）、高穴穂宮付近などでの激しい戦いを征し、忍熊王は瀬田川に身を投げて死んだ。

神功皇太后は、都を大和に戻した。このあとの展開は次章に譲るが、大事なことは、仲哀天皇が北九州を支配下に入れたことで、大和朝廷による日本統一は完成し、神功皇太后の朝鮮遠征こそ日本国家の国際社会へのデビューだということだ。神功皇太后にすり替えて、卑弥呼なる正体不明の女性に栄えある初代女王の地位を与えるのは、まったく政治的に歪曲された歴史観なのである。そんな人物のことも使節の派遣も古代日本国家にとって知ったことでなかったのだ。

もういちど、おさらいするが、記紀に書かれている日本建国の歴史は、年代こそ水増しされているのであてにならないが、世代ごとの勢力拡大の経緯はごく自然なものと解釈できる。

一～二世紀ごろに日向を少人数で出奔した神武天皇が大和の葛城地方でささやかな領地を持つ王となり、その数世代以上あとの崇神天皇の時にいたって大和を統一し、さらに本州中央部の盟主となり、その孫の景行天皇が南九州や関東にまで勢力を拡げ、さらにその孫の仲哀天皇の時に北九州諸国も傘下に入れて統一国家の樹立に成功したというもので、そこには、なんの不自然な点もない。

第四章

『魏志倭人伝』を外交文書として読めば真実は明白

250年ごろの東アジア

5世紀前半の東アジア

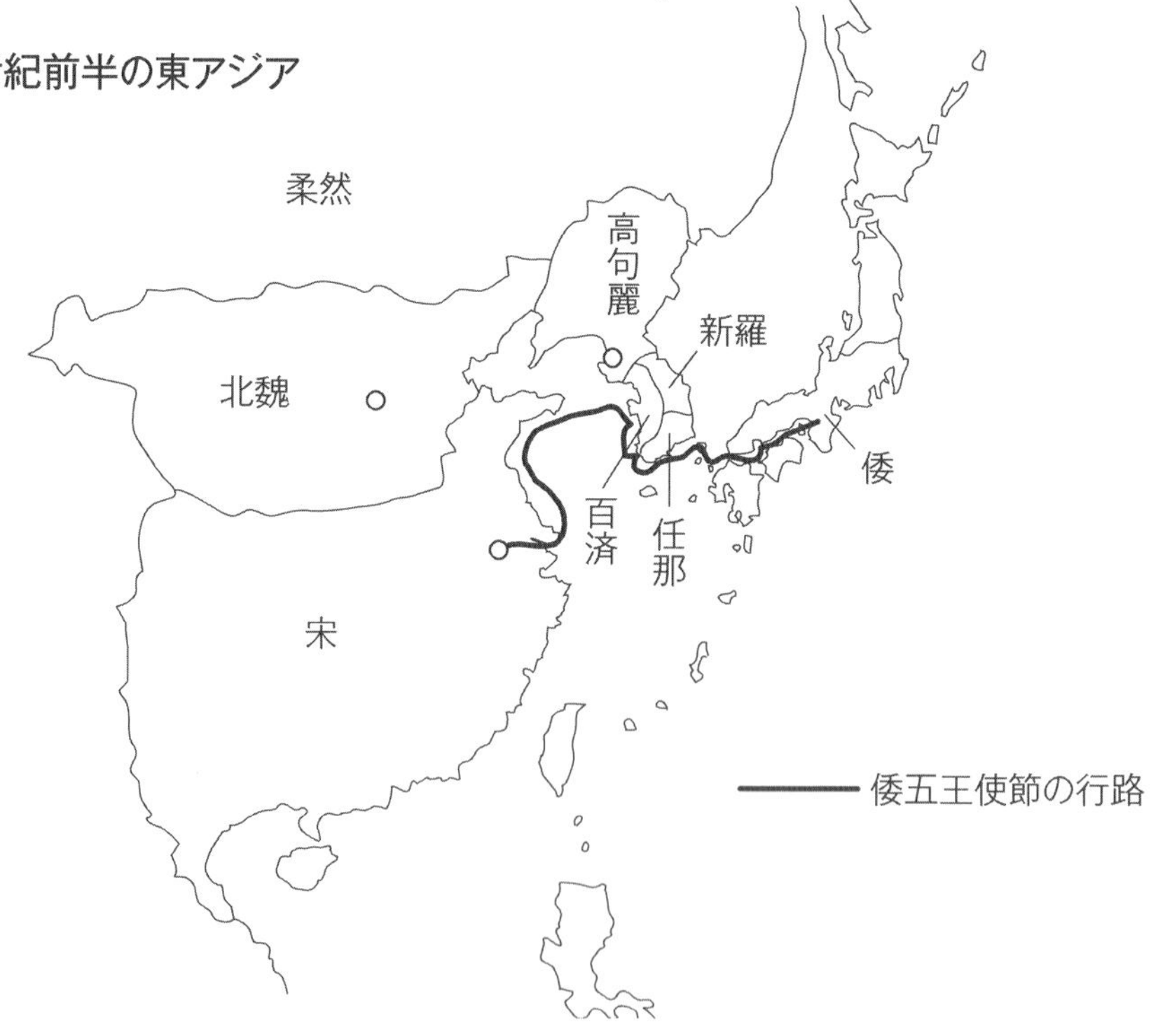

610年ごろの東アジア

8世紀末の東アジア

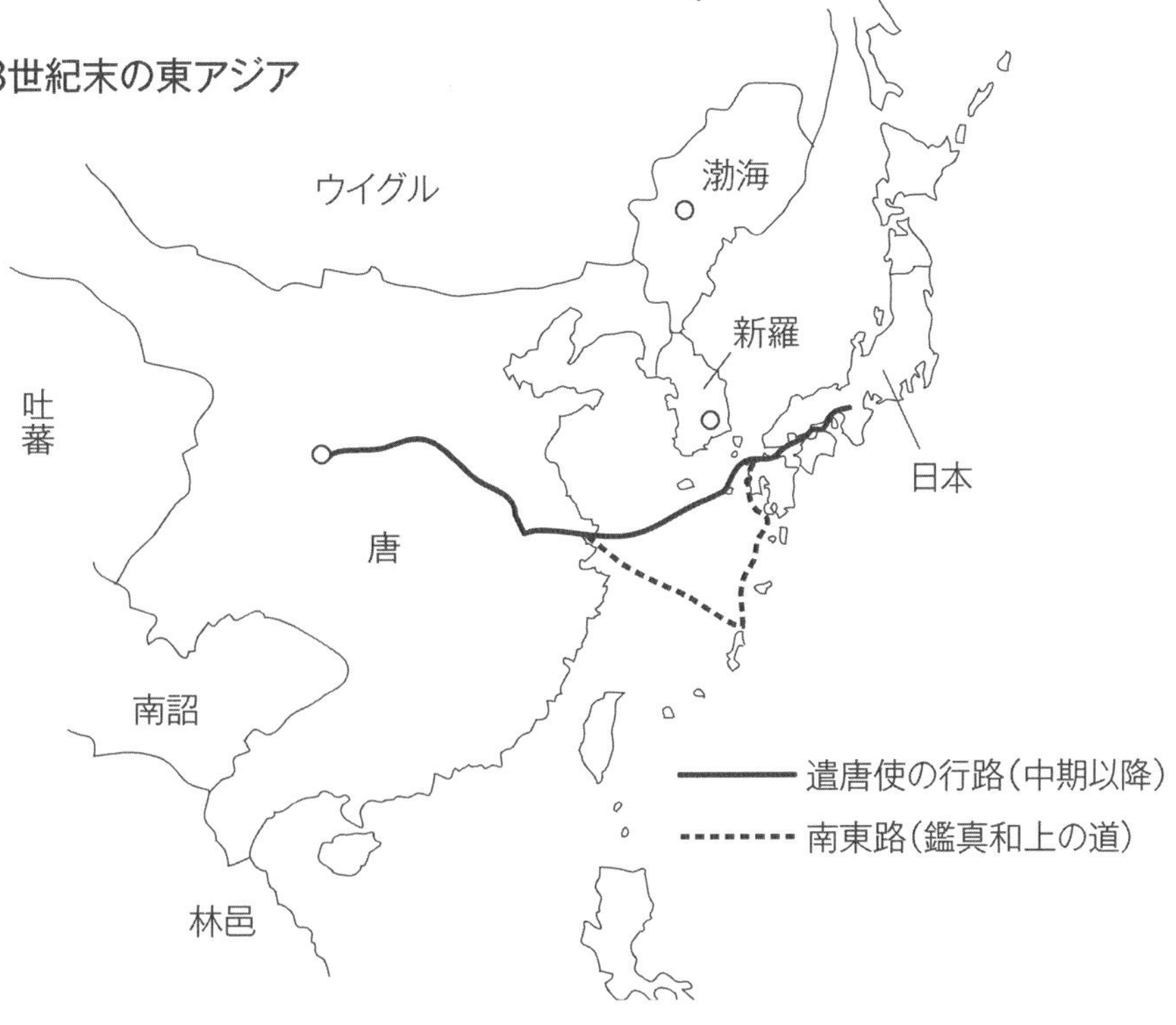

❗中国の史書で信用できることとできないこと

ウソ 『魏志倭人伝』は中国の正史であるからその内容はすべて信用できる

本当 洛陽の都にいつ誰が来たとか報告があったか以外は信用性が低い

そもそも「卑弥呼」という名前の女王がいたとか、「邪馬台国」という名の国があったということは事実でない。当時の中国人が蔑称として不快な漢字を使いつつ、そう呼んだだというだけのことだ。

神武天皇などという名前は後世になって付けられたものに過ぎない、とムキになって怒る人たちが、外国人による勝手な命名の方は、あたかも本当に使われていた人名や地名であるかのように平気で使っているのは不思議である。

外国人が現地人から地名や人名を聞いて、似て非なる呼び方を採用することも珍しくないし、まったく勝手に名前を付けることもある。まして、当時の日本では漢字など使われていなかったのだから、もともと単なる当て字である。

「卑弥呼」という名にしても、『魏志倭人伝』では、邪馬台国と戦っていた狗奴国《くなのくに》の男王の名前を「卑弥弓呼《ひみここ》」としているのだから、なにか王者を表す一般名詞のようなものを固有名詞と混同したと見る方がよい。

それでは、改めて、卑弥呼と邪馬台国について、確かといえる話はなんであるかを復習しておこう。

『魏志倭人伝』で信用できることは少ない

中国では王朝が滅びたのちに「正史」を編纂することが慣習だった。そんななかで、最も古い日本についての記録は、『漢書』の「地理志」で、紀元前二世紀から紀元前後ごろにかけて、「倭人」が朝鮮半島にあった漢の出先機関の楽浪郡《らくろうぐん》を介して朝貢していたとされていることである。

そして、一世紀中葉の建武中元《けんぶちゅうげん》二年（五七）には、博多付近にあった倭奴国《わのなのくに》の王が後漢を創始した光武帝《こうぶてい》から倭奴国王に冊封《さくほう》され、金印（委奴国王印）の賜与《しよ》を受けたとされている。この金印が、江戸時代になって奇跡的に出土したあの国宝になっている「漢委奴国王印《かんのわのなのこくおういん》」である。

その半世紀後の永初《えいしょ》元年（一〇七）には、倭国王帥升《すいしょう》が後漢へ遣使し、生口《せいこう》（奴隷）を一六〇人献呈したとされている。そののち、倭国では乱世となり使節の来訪は途絶える。

三国時代の魏については、そのあとに成立した西晋《せいしん》の時代（二六五〜三一六）に陳《ちん》寿《じゅ》という人物によって「魏書」が三世紀末（二八〇〜二九〇年間）に書かれた。そのなかに「東夷伝《とういでん》」があり、その一部を『魏志倭人伝』と俗称している。

それによると、日本列島には多くの国があったが、そのなかで、邪馬台国の女王卑弥呼が魏に使いを送ってきたという。この女王国は二十数カ国を支配していたが、南の狗奴国のような反対勢力もいた。そこで、卑弥呼は魏の皇帝に助力を求めたので（二三九年）、魏の皇帝はその翌年に使いを女王国に派遣したのだという。

この卑弥呼は光和《こうわ》年間（一七八〜一八四）に女王となり、二四七年ごろまで国を治めた。そののち、卑弥呼の親族の壱与（イヨ）が女王となったが、二六五年を最後として女王国からの使者は来なかったとしている。

卑弥呼の国へ至るには、対海国《ついかい》（対馬）、一大国《いたい》（壱岐）、末盧国《まつろ》（松浦郡。現在の唐津市）、伊都国《いと》（怡土郡《いとのこおり》。現在の糸島《いとしま》市から福岡市西部）、奴国《な》（博多付近）を経て、不弥国《ふみ》、投馬国《とうま》を経てたどり着くとしている。

こうした諸国のうち、奴国まではあまり比定に疑問はないのだが、不弥国は北九州であるのは確かだが特定できない。さらに、そこから投馬国は南に「水行二〇日」、邪馬台国へはさらに「水行一〇日」と「陸行一カ月」とあり、その通りなら南西諸島のあたりになってしまう。

そこで、この日数が間違っているのであって、もっと手前の九州のどこかだとか、日数は正しいが方角が違っていて、畿内なのでないか、という議論が江戸時代から延々と続いている。

この『魏志倭人伝』の文言を細かく解釈する以前に大事なことは、こうした中国の正史に書かれていることの何が信用でき、何が信ずるに足りないかであるが、かなり信用できるのは、洛陽の都にいつ誰が来たかとか、中身の真実性は別としてどんな報告をしたのかということだけである。

卑弥呼の手紙は洛陽で書かれた

といっても書かれたのは、卑弥呼の時代より半世紀もあとのことだから、それなりに限界はあるが、なにしろ、文字の国だから、現在は失われているにせよ、原資料となるものはかなり充実していたのであろう。

したがって、邪馬台国からの使者と称する者がいつ来たか、魏の方から派遣した使節からどんな報告があったか、などについてはかなり信用できるとみてよい。一方、日本にまだ文字が伝わっていなかったこの時期に、「卑弥呼の手紙」などというような、高度な外交文書を中国語で作成する能力が邪馬台国内に備わっていたとは考えられず、文書作成は大陸で行われたとみるべきである。

そうであれば、内容も洛陽の政府に好ましく受け取られるように中国で書かれたのであって、邪馬台国側の意図が正確に反映されたものとは期待できない。

次に、中国側の出先機関や使節に、『魏志倭人伝』にあるような当時の日本に関する報告がなされたということは事実なのであろう。ただ、現代でも外国駐在日本大使の公電とか地方出先機関の報告などというものは、自らの業績をねじ曲げて大きく見せるための誇張、でっち上げ、都合のいい噂の採用、あるいは翻訳や通訳の誤りなどが、ばれて困ることにならない範囲で日常茶飯事に行われている。

そうであれば、楽浪郡からの報告も使節の帰朝報告も、日本列島のことなど嘘と暴露される可能性は少ないわけだから、内容はあまり信用しない方がいい。実は魏の使節は日本に来なかったとか、少なくとも都にはたどりつかなかった、といった可能性も大きく、細部を云々すること自体意味がないのではないか、という疑いも相当に強いのだ。

とくに疑わしいのは、不弥国までは細かく書いているのに、そののちは、「水行二〇日」などという大雑把な書き方になっていることだ。大型の外洋船に乗って無寄港で直行したのでもあるまいし、毎日毎晩、港に寄港し歓迎されているはずだ。目隠しでもされたのでなければ、「陸行一か月」もの間に多くの国があったはずなのだから何も記録に値することがなかったはずもない。

たとえてみれば、江戸初期の訪欧使節の報告が、カナリア諸島やジブラルタル、さらには、アンダルシア各地を訪れたことは詳しく書いてあるのに、そのあと、マルセイユまで二〇日、ローマまで四〇日として途中を飛ばし、ローマのことだけ詳しく書いてあったら、本当にローマに行ったかどうか疑うのが普通だろう。

ということになると、魏の使節は不弥国あたりまでで止まり、実際に邪馬台国にたどり着かなかったにもかかわらず、その使命を果たしたと作り話をでっち上げて報告した可能性も半分くらいありそうだ。むしろ、そう考える方が自然かもしれないというくらいの気持ちで『魏志倭人伝』を読むべきだろう。

邪馬台国畿内説は中国に媚びへつらう自虐史観の産物だ

ウソ　纒向王国が三世紀の日本で最も栄えていたので邪馬台国に違いない

本当　九州に邪馬台国があったころ畿内にもっと栄えたクニがあった

邪馬台国がどこにあったかについては、「不明であってどこか断定できない」ということを率直に受け入れるべきだ。「古代史に謎はない」といっても、それは大きな流れについてであって、細かい点は分からないことだらけなのは当然だ。

なにしろ、すでに述べたように『魏志倭人伝』では、不弥国までの旅程は詳細に記しているのに、そのあとは曖昧な記述しかなく、現地の様子についても、場所の特定に役立つような特徴のある山だとか海だとか地形についての描写がないのだから、場所が特定できるはずがないのである。

地名からの手がかりも、「やまと」という地名が畿内の大和のほか筑後の山門郡、それに肥後山門、豊前山戸などあちこちにあるありふれた地名らしく、当然にいまは消えてしまった同様の地名もあった可能性も高く、邪馬台国とヤマトが似ているからといって決め手になりえない。

となれば、中国で『魏志倭人伝』の原資料になったような詳しい新資料が出てくるとか、どこかで金印が発掘されて、しかも、それが他所から運ばれたものでないという傍証までそろうといったことでもない限り結論は出しえないのである。

したがって、新しい遺跡が出るたびに、ろくに新しい材料もないのに「邪馬台国はここで決まり」などということを口にするのは笑止千万で非科学的であることこのうえないのだ。可能なのは、この候補地には、こんな観点から説得力があるとか、逆に、こんな無理がある、ということを論じるくらいまでだろう。

邪馬台国が九州にあったことを否定する根拠は皆無だ

だが、邪馬台国は、普通に考えれば、北九州のどこかにあったのだろう。それが正しいという決め手もないが、もっとも自然で無理がないうえに、少なくとも、それにネガティブにならねばならないような材料は、何もないといい切れる。

二世紀から三世紀に北九州にあった邪馬台国は、四世紀に仲哀天皇と神功皇后の軍がやってきたときには滅亡してかなりの時間がたっており、人々の記憶にもそれほど残っていなかったということなら、記紀とも『魏志倭人伝』とも齟齬《そご》は生じないし、何の不都合もない。

『日本書紀』の神武天皇東征についての記述と、三種の神器の起源が九州にあるらしいことから、天皇家は九州に起源を持つのではないかと主張する人がいる。

だが、これまでに何度も述べたように『日本書紀』の記述は、神武天皇、つまり天皇家の祖先ではじめて畿内へ移住してきた人物が日向出身であるといっているだけで、九州を支配する強力なクニの王であったなどとはまったく書いていない。

三種の神器については、仲哀天皇に伊都国王が三種の神器に類似のものを捧げたことを『日本書紀』も伝えるところであって（一〇六ページ参照）、これら三種のものを王者のシンボルとみなすという北九州の習慣が大和朝廷に採り入れられたというだけのことだろう。

三種の神器については、平安時代以降ほどには、古代にあって重んじられた形跡はなさそうだし、記紀においてもそれほど重要なキーワードにもなっていないのである。

もちろん、大陸から来た弥生人の多くはまず北九州に上陸し、全国に散らばっていったのであろうから、アメリカのヨーロッパ系市民にとってのニューヨークやマサチューセッツのような東部諸州と同じ上陸の地として格別の意味を持つこともたしかなのだが、北九州を支配するクニのようなものが、畿内を征服したということを強くうかがわせる材料は記録のうえでも、考古学的所見からもなにも見あたらないのである。

邪馬台国東遷説といっても、その時期を卑弥呼以前とするもの、以降とするものの二説あるが、いずれも歴史の空白部分におよそありえない図式を描いただけのことであることは、すでに第三章で説明したとおりである。

いずれにしても、邪馬台国は四世紀以降の日本国家になんの記憶も残しておらず、また現代に通じる重要な意味を持つものでもない。それは、一四九二年という世界史を変えた記念すべき年の前にアメリカ大陸に到達したヨーロッパ人がいたとしても、それをきっかけにヨーロッパ人の本格的な移民が行われたわけでないのだから、それがコロンブスに比すべき歴史的意義を持たないのと同じことなのである。

そして、現代に通じる意味を持つ日本国家の外交デビューのヒロインは神功皇太后であって卑弥呼ではないのである。

中国に使いを送っただけで日本の支配者になれるものではない

もちろん、邪馬台国は畿内にあったという人も多いのだが、彼らは非常に不思議で根本的に間違った前提に立っている。それは、「邪馬台国が同時代の日本列島で最も進んで強力なクニだったに相違ない」というものだ。

畿内説の人たちの議論は、邪馬台国と同時代において、もっとも発展したクニは畿内にあったことを考古学的に論証することだけでほとんど終わってしまって、あとは何も論証していないに等しい。

だが、纒向遺跡が立派なもので卑弥呼と同時代だからといって、それが邪馬台国だとどうして断定できるのか、まったく理解不能である。戦国時代に天正遣欧使節を送り出した大友宗麟たちや、イスパニアに支倉常長を送った伊達政宗が全国最強の大名だったわけでないのと同じで、卑弥呼が魏に使いを出したから日本列島で最も栄えて強力な国であったことには結びつかない。

かつては、畿内の古墳などから大量に出土している「三角縁神獣鏡《さんかくぶちしんじゅうきょう》」が卑弥呼が魏の皇帝からもらった一〇〇枚の鏡の一部だという説があり、かなりの説得力を感じたものだが、今日では魏の皇帝からもらった枚数をはるかに越える四〇〇枚以上が出土しているうえに、中国の考古学者などからも日本で製作されたものという指摘がなされ、あまり意味のある議論ではなくなってきている。

現在、畿内説の根拠とされるのは、「年輪年代学」などで纒向遺跡や箸墓《はしはか》の築造が、かつて考えられていたより古く、「卑弥呼の時代」に遡る「可能性」があるということだ。が、この分析は特定の研究グループだけの分析に頼っており信頼性に異論も多い。しかも、古材を再利用したことも多かったはずであるから、遺跡の築造年代の確定はこの手法ではそもそも不可能だ。

先ごろ（二〇一〇年八月）、奈良市内にある元興寺《がんごうじ》極楽坊《ごくらくぼう》の国宝・禅室に、法隆寺建立よりさらに古い五八六年ごろ伐採されたヒノキが使われていることが判明したが、これは、六世紀に飛鳥寺に使われた部材が百数十年以上もたってから平城京に移されたことをうかがわせるものだ。部材の年代イコール築造年代ではないのである。しかも、卑弥呼の時代のものだからといって、それが卑弥呼のものであるということにもならない。

一方、考古学でなく政治史的な分析をすれば、畿内説には相当な無理がある。まず、「邪馬台国が天皇家の大和朝廷そのものだ」という考え方は記紀と根本的に矛盾する。箸墓の主と『日本書紀』でされている崇神天皇の大叔母倭迹迹日百襲媛命など、卑弥呼に比定する候補者は何人かいるが、ほとんど当てずっぽうの域を出ていない。

箸墓は勢威のあった女王にふさわしい立派なものだとか、倭迹迹日百襲媛命にはシャーマン的な伝説があるといっても、立派な墓もシャーマン的な女性にしても全国のあちこちにいくらでもあっただろう。また、箸墓は典型的な前方後円墳だが、『魏志倭人伝』には卑弥呼の墓は円墳だと書いてあってこれも一致しないのである。

『日本書紀』の記述によれば、大和朝廷が北九州に進出した時期は仲哀天皇や神功皇后の時代であるとされているが、それは、考古学的にも大陸の文献との照合からも四世紀のことと推定されている。もし、三世紀の崇神天皇以前、それも、二世紀後半に擁立されたと中国の史書に書かれている卑弥呼の時代に統一国家が成立していたとすれば、なにゆえ期間にして二世紀近くもの間、記念すべき統一や海外との交流実現を実際の世代より遅らせるような正史が成立したのか、動機が説明できないではないか。

邪馬台国畿内説にはこんなに無理がある

それでは、記紀で大和を統一したとされている崇神天皇の王国と同時代、ないしはその直前の時期に、それとは別に邪馬台国が大和に存在したというのはありうるのか。

たとえば、纒向に邪馬台国があり、それと対立していたという狗奴国がのちの大和朝廷だと想定するのは、邪馬台国の南にあるという魏志倭人伝で記述している位置関係には整合するが、そんな近くに強力な対抗勢力があるのに九州まで支配下に置いていたとは考えにくいし、二〇〇〇キロも離れた魏帝国に五キロほどしか離れていない狗奴国との戦いを有利に進めるための助力を願っても仕方あるまい。

また、纒向王国が邪馬台国で、その勢力下にのちの大和朝廷があったとすると、大和朝廷は纒向王国を滅ぼしたというより乗っ取ったに近そうだから、指導層をかなり引き継いだはずで、北九州を支配下におさめていたり、魏との壮大な交流を行っていた記憶が大和朝廷に伝えられなかったことはまことに不思議である。

地元にも纒向遺跡が邪馬台国だとしたい人がいる。観光開発になると思っているのかもしれないが、もしそうなら、記紀に書かれている建国物語は、つじつまが合わないことになり、大和朝廷揺籃の地としてのこの地の栄誉とは両立しないのだが、そのあたりをどう考えているのだろうか。不思議なことである。

むしろ、強いて畿内説をとる場合にまだしも自然だと思うのは、邪馬台国を山背（京都府南部）などに所在した北近畿王朝とみなす観点だろう。『日本書紀』の記述を見ていくと、大和朝廷は、日向、吉備、河内《かわち》、大和南西部といった瀬戸内海沿岸には強いのだが、日本海側には弱く、出雲との関係も希薄である。

仲哀天皇と神功皇后の九州遠征のころになると、天皇は瀬戸内海経由で、皇后は日本海経由で九州へ向かったことでも分かる通り、古代から日本海ルートも重要だった。ところが、大和朝廷は早い時期にはほとんどこのルートに関わっていなかった。

だとすれば、不弥国（これは北九州であることがほぼ間違いない）と邪馬台国の間に位置したという投馬《とうま》国を出雲ないし但馬《たじま》と考え、邪馬台国を山背あたりと考えれば一応のつじつまは合う。

たとえば、崇神天皇は壮烈な戦いのあと山背をその支配下に置いたといった記事もあるが、大和朝廷（あるいはその他の大和勢力）に北近畿国家たる邪馬台国が破れたことで、中国や北九州諸国、さらには出雲との関係もいったん絶たれたと考えられなくもない。

だが、それにしても、邪馬台国が畿内にあったとすれば、二世紀（中国の史書にある卑弥呼擁立の年代が間違っているなどとしても三世紀）にいったん北九州まで及んだ畿内国家の威光は、その後一時的に衰え、何世代かのちの仲哀天皇のころになって回復したが、その時、かつての女王国のことなど誰も話題にもしなかったということになって、やはり無理が多い。

このほか、出雲、吉備、丹後《たんご》など全国各地で邪馬台国の候補地とされているさまざまな候補地についても、可能性は皆無でないが、別に有力な傍証があるわけでない。確実な場所が分からないから、可能性がないわけでないというだけだ。また、仮に邪馬台国が出雲だったとしても、そのことは、その後の日本史にほとんど何の影響も与えていないのである。

だが、そんな無理な考え方より、どう考えても、邪馬台国が筑後とか豊前とか不弥国より少し南の北九州のどこかにあって、肥後あたりに狗奴国があったとする方がはるかに自然だ。

つまり、邪馬台国はまったくの地方政権であり、卑弥呼はささやかな女酋長のよう

なもので、当時においても日本を代表する存在であったわけでもなんでもないという
ことになる。
こうした可能性が圧倒的に高く、わずかに、出雲、吉備、丹後、あるいは山背方面などの可能性も皆無でないといったあたりが現段階での合理的な分析でないのか。

『日本書紀』と中国の史書との年代を調整する

ウソ 『日本書紀』に書かれている年代はでたらめで使い物にならない
本当 世代の数は本当だと考えればだいたいの計算はできる

『魏志倭人伝』の内容の正確さには根本的な疑念がある。一方、『日本書紀』に書かれている日本統一についての物語が、全体の流れとしてごく自然なもので、その真実性を疑う合理的な理由などないとすでに書いた。

ただ、記紀に記されている年代は、まったく当てにならない。そこで、一定の法則で水増ししたのでないかという前提で実際の年代を試算する人もいるし、『古事記』については、干支《えと》は信頼できるという人もいる。

そういうご苦労な作業が意味のないことだとはいわないが、われわれが自分の祖先のことを親や祖父母から聞く場合でも、系図やご先祖がどんなことをしたかは比較的正確に伝わるが、それがいつのことかといえば、「江戸時代の終わりごろ」といったようにアバウトにしか聞かされないことも多い。

『日本書紀』の歴年記載方法などを見ると、中国の暦が不完全にせよ伝わったらしい雄略《ゆうりやく》天皇時代以降についてすらあやふやなことが多いのだから、それ以前はまったく当てにならないとみるのが普通だろう。

年代だけはヒントになる中国・韓国の史書

そこで、真実を知る手がかりは、系譜のうえでの世代などから大雑把な計算をしてみるとか、考古学的な手がかり、そして、中国などの史書とたまたま一致する年を特定して、それを突破口にすることだ。

倭の五王による中国南朝への使節派遣の記録からすると、第一六代の仁徳《にんとく》天皇または第一七代の履中《りちゆう》天皇と比定される倭王讃《わおうさん》の崩御は四三〇年代ごろとみられる。それでは、神功皇太后による朝鮮半島遠征といわれる事件は、いつごろのことなのだろうか。これは、大和朝廷が初めて北九州を制圧し、朝鮮半島へ進出して東アジア国際政治の場へ登場した時であり、神功皇后が子供（のちの応神天皇）をみごもったまま出兵したとされているから、応神天皇が生まれた年でもある。

『新羅本紀《しらぎほんき》』によれば、倭人は紀元前五〇年を最初として、頻繁に新羅の海岸地帯を侵していたが、三四六年と三九三年の二回においては首都金城（現在の慶州市）を包囲している。神功皇太后による遠征は、やはりこの二回の金城包囲戦のいずれかとみることが適当だろう（なお、『新羅本紀』ではこの時いずれも倭軍を撃退したとしている。一方、『日本書紀』は新羅を臣従させたとしている。おそらく真実は中間にあるのだろう）。

大和石上《いそのかみ》神宮には、百済王が倭王にプレゼントしたとされる印象的な形の国宝・七支刀《ななつさやのたち》がある。『日本書紀』で神功皇太后に贈られたとされているものだが、この刀身にやや判読が困難だが、泰和四年（中国南朝東晋の年号で三六九年説が多い）と思われる銘がある。

これを贈られたのが本当に神功皇太后だったかどうかはともかくとして、大和朝廷がこの時点にはすでに対百済外交に携わっていたと考えるのが自然である。だとすれば、神功皇太后による朝鮮半島遠征は『新羅本紀』の伝える二回の金城包囲のうち、はじめの方である三四六年のことだろう。

そうすると、応神天皇もこの年生まれということになり、その息子の仁徳天皇、あるいは孫の履中天皇が崩御した四三〇年代ごろとの差は約九〇年ということになる。もし倭王讃が仁徳天皇で、応神天皇が三〇歳のときにできた子供だとすると、仁徳天皇が六〇歳まで生きたということになる。倭王讃が履中天皇なら、親と子の年齢差平均二〇年として、履中天皇が死んだ時の年齢は四〇歳ということになり、倭王讃はどちらでも可能だ。

崇神天皇は壱与《いよ》の同時代人

次に、ここから逆算していくと、どうなるか。第一五代応神天皇とその父の第一四代仲哀天皇の年齢差は応神天皇に成人したとみられる年上の兄がいることを考えれば、三〇歳以上は離れているとみるべきである。三一〇年代後半ごろの生まれということになる。仲哀天皇はヤマトタケルの息子だが、ヤマトタケルがわりに若くして死んだらしいことを考えると年齢差は比較的小さいと考えられる。

だとすれば、ヤマトタケルが活躍して大和朝廷の勢力が九州の一部や関東にまで広がり始めたのは、四世紀初頭あたりということになる。さらに、ヤマトタケルもその父で第一二代景行天皇の比較的若いころの子供のようである。その景行天皇の祖父にあたる第一〇代崇神天皇の全盛期は三世紀のなかごろということになる。

一方、邪馬台国の卑弥呼の没年は二四〇年代とされ、そうすると崇神天皇はその後継者であるイヨの同時代人ということになる。

もちろん、『日本書紀』に書かれた歴代天皇の事蹟や系図に誤りがある可能性も強いし、『新羅本紀』の年代設定にも、中国の歴史書ほどの信頼性はない。しかし、崇神天皇やヤマトタケルの活躍した年代を、この推定より以上に古くみることは困難であろう。

しかし、いずれにせよ、大和朝廷が北九州に支配を及ぼしたのが、邪馬台国の時代より一世紀もあとの四世紀の半ばごろであることは動かしがたい。

邪馬台国がどこにあったかは別にして、四世紀に北九州を勢力圏に入れ、朝鮮半島に軍事介入した大和朝廷は、邪馬台国に卑弥呼という女王がいて、洛陽の都に使いを送ったことをまったく記憶していなかったことは確かだ。

三世紀に崇神天皇が大和を統一したころの歴史についてもまったく忘れているならともかく、それなりに具体的で克明な記述が記紀にあるにもかかわらず、大陸との交流については朝鮮半島とのささやかな交流しか記していないからである。このことは邪馬台国と大和朝廷が、系譜としてはまったくつながっていないことを物語っている。

だとすれば、邪馬台国は大和朝廷の前身だという可能性は、普通には完全に排除されるべきものだろう。

❗出雲神話が記紀で重要視された理由

ウソ　高千穂峰降臨以来の日向神話に出雲神話が採り入れられた

本当　出雲・大和神話のなかに日向の神々が付け加えられた

神々の世界の出来事である神話から古代史の真実を知ろうなどとするのは、考古学から政治史を組み立てるのと同様にあまり感心した手法でないと私は思う。にもかかわらず、なぜ神話や考古学から古代史を探っていこうとする手法に人気があるかといえば、想像力でいかようにでも話を組み立てられるからである。

記紀のような体系だった史書ならまだしも、地方伝承となると、記紀など全国的に知られている史書などからヒントを得て、それを地元の言い伝えに結びつけて権威向上を図ったものが多く、かなりのフィクションが紛れ込んでいる可能性が高い。

神様でなくても、空海《くうかい》とか平家の落人が全国各地に出没するのは、ため池があれば弘法大師さま、流れ者はみな平家の末裔《まつえい》にしてしまえば有り難みが出てくるからに過ぎない。もちろん、本当のこともあろうが、それほど確率は高くない。

ヨーロッパの各地にはキリスト教の聖人が出現したという伝説がいっぱいあって、その多くはローマ教会からも公認されている。たとえば、使徒ヤコブはスペインに出現したということになって、その場所が有名な巡礼地であるサンティアゴ・デ・コンポステーラだし、フランスのルールドは聖母マリア出現の地だ。

教会が公認していないものなら、キリストとマグダラのマリアの間に生まれた娘サラがフランスに逃れてメロヴィング王朝と結びつき、アメリカの歴代大統領のほとんどがその子孫だという小説『ダ・ヴィンチ・コード』でおなじみの伝説だってある。

そんな伝承の類を前提にして本当はこうだったという話を組み立てるなど噴飯もの

なので誰もやらないのだが、日本の古代史学の世界ではそんな無茶なことが行われている。各地の伝承で土俗的な神々が片っ端から記紀の神々と結びつけられ、神社の由来になったりしているのを受けて、そこになにがしかの真実がある可能性が高いとみなし、日本の歴史は本当はこうだったと逆から歴史物語を組み立てる人がいて、それがけっこう受け入れられているから困ったものだ。

すでに書いたように、日向については、奈良時代か平安時代あたりから記紀に書かれている物語の舞台の比定地ができはじめ、国学が盛んになった江戸末期からその動きがより強まって高千穂神楽などが創造された。明治になってからはそれらが国家的承認を受け、その保護もあってしだいに神社が立派になり、それなりの景観や行事が整備されていった。だから、日向で現在われわれが見る風景はほとんどテーマパークの世界だといってよく、そこへ行ってインスピレーションを受けることにどれほどの意味があるのだろうか。

また、時代によってどんな神様が信仰の対象として人気が出るかというのも、非常に早く移り変わるものだ。のちに詳しく書くが、八幡神は豊前のローカルな神様だったのが奈良時代になって急にメジャーになったものだし、熊野詣でにしても平安時代になって急にブームになった。

最近の京都では、安倍清明《あべのせいめい》神社というのが人気スポットになって多くの人が訪れているが、これなど漫画で取り上げられたのがそもそもの人気の始まりだ。

大和朝廷が出雲神話を借りたのでは

そんなわけで、私は神話や社伝をあまり重要視していないが、その成り立ちに大和政権成立の事情がどのように反映されているかを探るのがまったく無益なわけではない。

とくに、まことに不思議なことに、記紀で出雲神話の比重があまりにも大きいことについては、なぜそうなのか、考察する価値がありそうだ。

その際に重要なのは、神話に書かれていることそのものから出発するのでなく、曖昧なところが多くとも、よりどころとなる歴史から出発して、そのなかで神話を位置づけていくという姿勢だ。

まず前提としなければならないのは、くりかえし書いているが「神武東征」などというものは記紀は物語っておらず、神武天皇と一緒に日向を出奔したのは数人くらいだけらしいということだ。

こうした語るべきことが少なかったと思われる事情のもとでは、先祖についての詳しい伝承を、神武天皇が自ら子孫たちに伝えることもなかったとみるべきだろう。せいぜい、いかにも日向の国にふさわしそうな、太陽神たる天照大神が先祖だとか、山幸彦《やまさちひこ》と海幸彦《うみさちひこ》の物語などに、神武天皇が子孫たちに言い残したことの痕跡が残るくらいに思っていいのではないか。

むしろ、神武天皇なる人物が語っていた断片的な先祖のお話を、大和地方の豪族たちが語り継いでいた神話のなかにあとで位置づけてはめ込んだと見るのが自然だ。

記紀に拠《よ》れば神武天皇の妃になったのは、『日本書紀』では出雲神話の神である大《おお》国主命《くにぬしのみこと》の子である事代主神、『古事記』では同じく出雲の神である大物主命《おおものぬしのみこと》（三輪の神）の娘とされている。また、崇神天皇の夢に大物主が現れ、自らを子孫である大田田根子《おおたたねこ》に祀らせるようにと告げて現在の大神（三輪）神社となったとある。

これをそのまま読むと、日向からやって来たという天皇家自身には、出雲との関わりは見いだしにくいが、天皇の妃の実家も含めた大和土着の豪族たちは出雲の神々とは親戚で非常に縁が深そうなのである。

出雲が大和朝廷の支配下に入った経緯について、『日本書紀』では以下のように説明されている。崇神天皇のときに、出雲の領主であった出雲振根《ふるね》が筑紫国に行っているうちに、弟の飯入根《いいいりね》が崇神天皇の要請で神宝を差し出したが、兄は筑紫から戻って怒り、弟を殺した。そこで、弟の子である鸕濡渟《うかづくぬ》らの要請で崇神天皇は、吉備津彦《きびつひこ》と武渟河別《たけぬなかわわけ》を派遣して出雲振根を殺させたというのである。

畿内を統一したのち、まず吉備を服属させ、ついで吉備の勢力を動員して出雲を徐々に圧迫し、最終的には屈服させたという認識があったのだろう。

だが、もともと、出雲の神々は大和につながりを持っていたようにも書いてあるし、さらに、神話部分にやたらとこれらの神々が登場するのである。『日本書紀』ではともかく、『古事記』ではとくに重い比重を持っている。

梅原猛『葬られた王朝』を読んで

どうしてかような神話が成立したかの経緯は、神話というものの常で詳細は不明である。

大和土着の豪族たちの先祖が出雲から来たのか、あるいは、出雲人たちの先祖が大和から出たといった事情があったのかもしれない。

また、西日本の広い地域の弥生人の間で出雲が聖地だという認識があったのかもしれないし、崇神天皇の時代における出雲服属のときの経緯を国譲りの逸話に託したという可能性もある。

大胆な意見としては、『葬られた王朝』で梅原猛先生が、「強力な古代出雲王国が大和まで支配していたことがある」という説を唱えられている。そこまで断定するのは行き過ぎだが、ある時期、新羅方面とのつながりも生かして先進文化地域だった出雲の文化的、宗教的な影響が大和にまで及んでいたくらいならより可能性は強そうだ。

梅原先生は三〇年ほど前に書かれた『神々の流竄《るざん》』において、出雲で考古学的な遺跡の出土が少ないことに着目し、出雲神話の舞台は実は出雲ではなく、大和神話の舞台をなんらかの配慮で出雲へ移しただけのものではないかという着想を展開された。

だが、その後、出雲市近郊の荒神谷《こうじんだに》遺跡で、銅剣三五八本、銅鐸《どうたく》六個、銅矛《どうほこ》一六本が出土し（一九八三年）、加茂岩倉遺跡で三九口の銅鐸が発見されたのを受けて（一九九六年）、こうした考えを変えられたのである。

だが、記紀に出雲の神々が多く登場するのは、出雲神話が単純によくできていて面白かったから、大和でも徐々に受け入れられ、やがて大和土着の神々と融合し、記紀にも取り入れられただけ、という可能性もかなり大きいと思う。外国の例でも、ローマ神話などほとんど丸々ギリシャ神話を転用し、そこにローマの神々の話を混入したものだ。こうした一見、馬鹿馬鹿しいこともおおいにありうるのだ。

いずれにしても、記紀に書かれている神話が、神武天皇の先祖についての日向神話と、大和の土着勢力の神話、それに出雲神話という三つの神話の混合物であることは間違いない。だが、先に出雲神話と大和神話が合体したうえに日向神話が乗っかったのか、日向神話と大和神話が合体してのちに出雲神話が採り入れられたのか、それとも両方の要素が混じっているのかは分からない。ただ、出雲と日向が天皇家の大和定着以前に結びついたとは考えにくく、日向神話と出雲神話の結合が先であるとは思えないのだ。

この時代には、出雲や筑紫に限らず、日向、丹波丹後、尾張、北関東方面も栄えていて、古墳など立派な遺跡が多い。これらの地方は大和朝廷の進出以前から栄え、全国統一後も重要な地域として繁栄を続けた。ただ、大和朝廷の対抗勢力というほどだったかどうかは疑問だ。大和の大王より、規模だけなら大きい墓を造るくらいのことは、いつの時代でも地方の大領主にとってさほど難しいわけであるまい。
国造など地方の支配者には、土着勢力もいただろうし、皇族など大和の実力者の一族が派遣されて居残った者や、さらには、地元有力者の入り婿となった者もあろう。武士でも島津、毛利、織田などはそれぞれ守護、地頭、守護代としての赴任で領国にやってきた派遣組だし、松平など典型的な入り婿だ。しかも、その時々の都合でさまざまな系譜を使い分けている。戦国時代ですらそんな調子で本当のところは不明であることが多いのだから、古代のことについてで詳細を確定するなど無理な話なのである。

そして、古代には地方の豪族が天皇（大王）の妃になることも多かった。仁徳天皇の妃で雄略天皇の皇后・草香幡梭姫皇女《くさかのはたびのひめみこ》の母である日向髪長媛《ひむかのかみながひめ》（諸県君牛諸井《もろかたのきみうしもろい》の娘）、雄略天皇の妃の一人で後継を清寧《せいねい》天皇と争った星川皇子《ほしかわのみこ》や磐城皇子《いわきのみこ》の母である吉備稚媛《わかひめ》などはよく知られている。

いずれも、皇后になるには不足だが、主たる妃の一人として遇されていたのである。

また、崇神天皇以前において、大和土着勢力、出雲、吉備などの地方王国などがほかのクニにさまざまな形で影響を及ぼすことはあったかもしれない。ただ、本州西部とか西日本全体といった広い範囲で軍事的な支配まで及ぼすのに成功したクニがあったという説得的な形跡は文献的にも考古学的にもないのである。

いずれにせよ、神話や宗教的伝承から史実はこうだったというものを逆方向で組み立てるなど無理なのであるから、いろいろ推理するのはいいが、こうに違いないなどと断定すれば、それはもはやエンターテインメントの世界であると書く方も読む方も心得るべきだということを強調しておきたい。

第五章

継体天皇が新王朝を創った可能性はない

蘇我系VS宣化系の皇位継承戦争

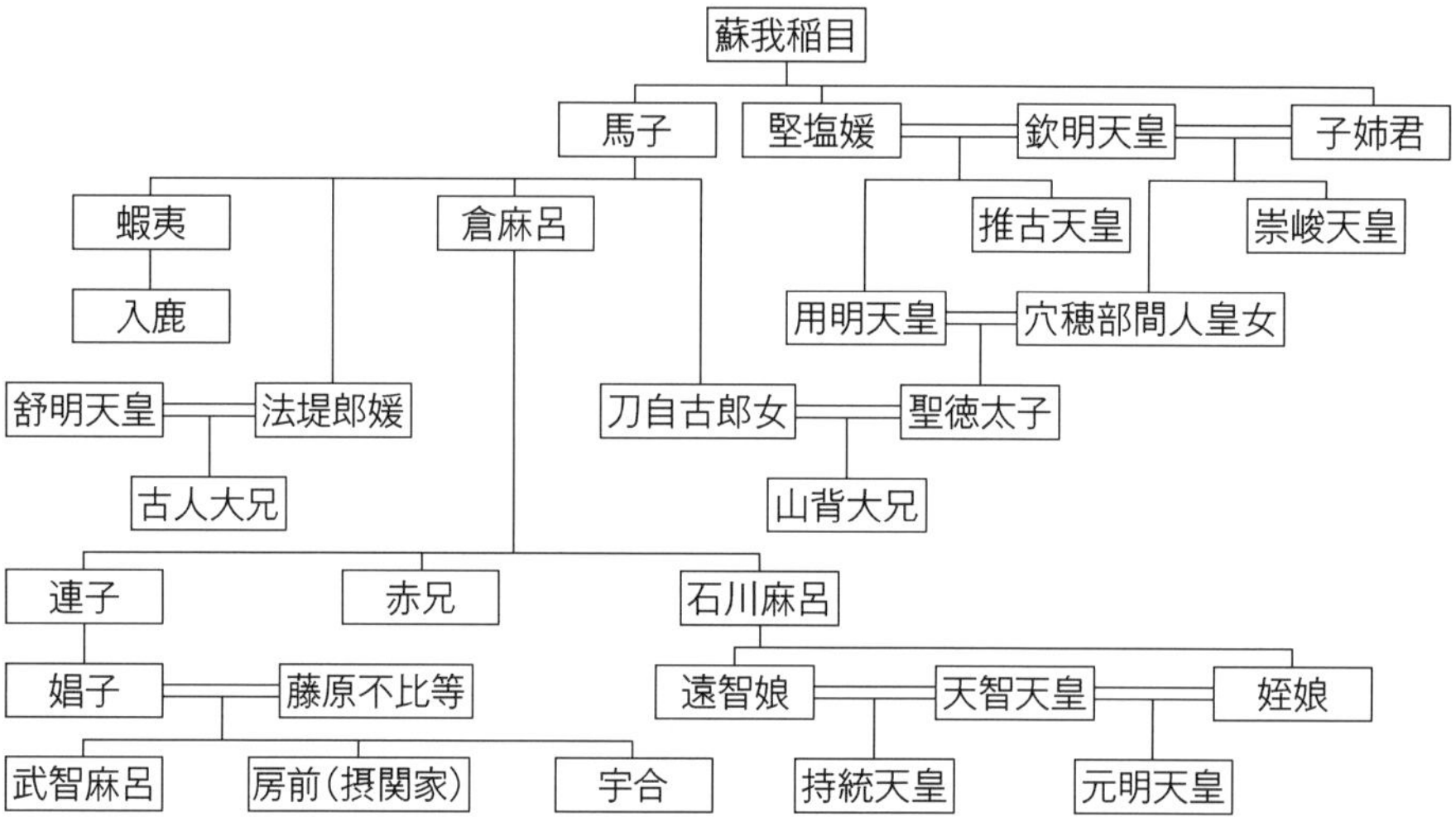

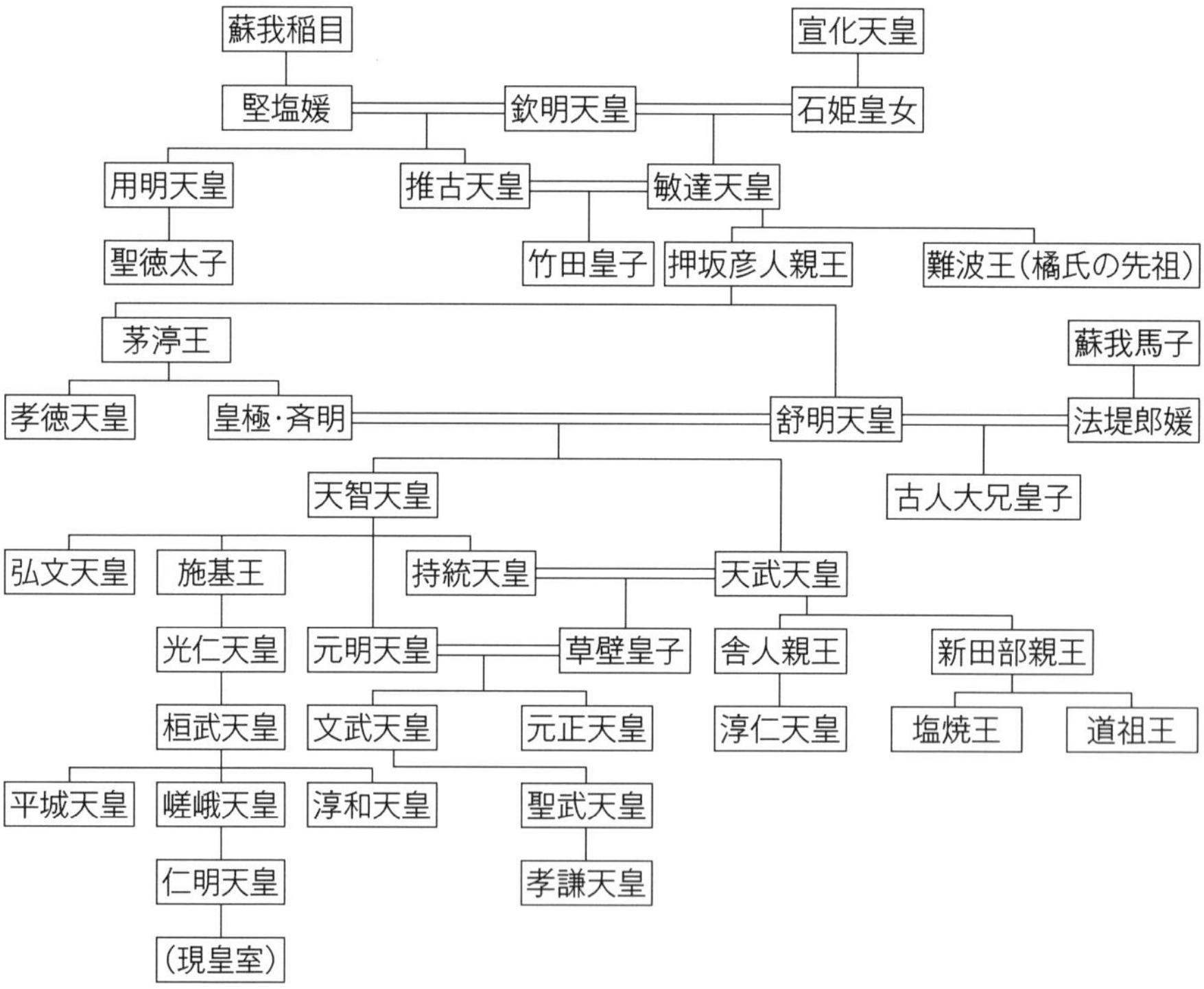

飛鳥時代の皇位継承は、ともに欽明天皇の子孫であるが、継体天皇の越前時代の子である宣化天皇の皇女を母に持つ敏達天皇系と、蘇我氏の娘を母に持つ用明天皇系の間で争われた。最終的な勝利者は宣化天皇系だった。ただし、蘇我氏の血統は藤原不比等の妻となった娼子を通じて藤原氏に伝わり、それを通じて現皇室にも流れている。

❗騎馬民族説は応神天皇＝八幡神という虚像の上に組み立てられた

ウソ 応神天皇は古来から武運の神であるとされ崇拝された大帝である

本当 八幡信仰と習合したのは平安時代からで記紀では評価が低い

「騎馬民族日本征服説」というのがはやったことがある。応神天皇のころから大規模古墳が現れるなど大陸の影響を強く受けた文化が栄えたことに注目して、神功皇太后らが朝鮮半島に進出したのでなく、騎馬民族が大陸からやってきて日本を征服したのだというものだ。

江上波夫《えがみなみお》という提唱者が歴史学者で東京大学教授だったことから、その肩書きらしからぬロマンティックな発想が熱烈に歓迎され、この馬鹿馬鹿しいお伽噺《とぎばなし》も大いに受けたのである。

第二次世界大戦前に大陸進出が礼賛されすぎた反動で、戦後は、古代日本人が大陸に進出したなどということはない、また、あって欲しくもないという気分が一般にあって、それに便乗した説だったともいえる。

たとえば、西ヨーロッパのキリスト教国がイスラム教国へ遠征した十字軍のあと、西ヨーロッパで東方風の文化の影響が強くなったからといって、本当はイスラム教徒かビザンツ帝国がヨーロッパ諸国にやって来て征服したに違いないというようなことをいう人はいない。いってみればそれに類する荒唐無稽な話だった。

そもそも、大和朝廷がはじめて大陸との主要な窓口である北九州を支配下に置き、しかも、大陸出兵に参加したのだから、それまでと違うエキゾティックな雰囲気をたたえた文化が持ち込まれたのは当然であって、騎馬民族征服説などという想像力豊かな仮説など必要ではあるまい。

応神天皇と八幡信仰

この騎馬民族説のように、応神天皇が仲哀天皇の王朝に替わる新しい王朝を開いたとするなど、応神天皇という存在は過大にとらえられがちだ。応神天皇が海外からやってきたとはいわずとも、記紀に書かれている神武東征（実は記紀にそんなものは書かれていないことは繰り返し書いている通りだが）は、九州の王である応神天皇が畿内を征服した史実を遡らせたものだとか、それまでの崇神（三輪）王朝とは別系統の河内王朝が交替したのだとか、いいたい放題である。

そもそも記紀のなかで、応神天皇はそれほど立派な王者とは描かれていないのだ。応神天皇が特別の存在になったのは、八幡神と習合してからのことであろう。記紀には八幡神の由来を応神天皇とする記述はなく、『住吉大社神代記《すみよしたいしゃじんだいき》』や『東大寺要録《ようろく》』（一一〇六年成立。その後、一一三四年に増補）あたりから登場するので、奈良時代から平安時代にかけてのことだ。

それに、八幡神信仰そのものも、奈良時代あたりから全国的に盛んになったものだ。承平天慶《じょうへいてんぎょう》の乱（九三九〜九四〇年に起こった平将門《まさかど》の乱と、藤原純友《すみとも》の乱の総称）にあたって、八幡神が敵の調伏《ちょうぶく》に力を貸したということになってから、朝廷や武家に崇敬されるようになった。とくに平安時代はじめに宇佐から勧請《かんじょう》された石清《いわし》水八幡宮《みずはちまんぐう》は、伊勢神宮と並ぶ崇拝を受けるようになった。

さらに、八幡神は清和源氏の氏神となり、源頼朝《よりとも》によって鎌倉の町の中心地に鶴岡八幡宮が創建された。現在では、全国に二万もの八幡社があるのだという。

このように、応神天皇は生きていた時代から何世紀もあとになってから八幡神がらみで人気が高まった天皇なのである。

応神天皇は新王朝の創始者か

しばしば応神朝などといわれるが、『日本書紀』の記述から見れば、日本統一をなしとげた大王は応神天皇の母である神功皇太后であり、息子を自分の生前には即位させなかった事実上の女帝である。

神功皇太后の死後に親政を始めた応神天皇の時代には、百済の王仁《わに》博士の来朝により漢字が伝えられたとされるが、漢字がそれまでまったく知られていなかったわけではあるまい。だが、大陸遠征を機に、その使用が広まったのだろう。

渡来人がまず上陸する北九州を勢力下におさめたことによって、人や文化の「渡来」がリアルタイムでストレートに大和朝廷に意識されるようになったこととの反映でもあろう。秦氏の祖先である弓月君《ゆづきのきみ》の渡来や、呉《くれ》から縫工女《きぬぬひめ》を招聘《しようへい》したのも応神天皇の時代である。

兄の忍熊皇子たちを破った時の経緯からしても、応神天皇の支持勢力は紀伊や河内に多かったようである。また、フロンティアが東国から大陸に移った以上は、東日本への入り口である近江より大陸との交流に便利な大和や難波が優れている。

しかし、応神天皇は兄たちの地盤であった近江巡幸も行っている。また、妃のひとりの出身地であった吉備へも出掛けている。さらに、日向の豪族の娘が召されてやってくるが、息子であるのちの仁徳天皇が譲ってくれるよう願ったので認めた。

一方、筑紫へは武内宿禰を監察のため派遣したりしており、日向が九州における親大和朝廷派を代表するのに対し、筑紫が相変わらず油断ならぬ地方であったことをうかがわせる。

さて、応神天皇が新王朝の創始者であるという説についてだが、これは考えにくい。仲哀の死や、応神の生誕について不自然さはあるが、大和朝廷の九州遠征軍が、皇太后とその子を担いで政権を取ったということはありそうなことである。仲哀は暗殺されたのかもしれないし、応神が本当は誰の子かと想像を膨らませる余地はあるが、応神が仲哀の正当な後継者であるという「建前」が取られたことは間違いない。

その傍証となるのが、継体天皇即位の時、最初に候補とされたのが、仲哀の子孫で丹波にあった倭彦王《やまとひこのおおきみ》だったということだ。この王は大和朝廷からの迎えを討ち手が来たと誤解して逐電したので、その結果、継体に第二六代天皇のお鉢が回ってきたのだが、このことは、応神の子孫であるかどうかは、皇統維持の観点からは重視されていなかったことを意味する。応神が新王朝を建てたなら、仲哀の子孫が候補となるのはおかしいからだ。

儒教が広まってから評価が高まった仁徳天皇

ウソ　仁政を行い世界最大の墳墓に眠る名君

本当　竈の煙の逸話は記紀で重視されてないし大仙古墳が仁徳陵かは不明

仁徳天皇陵といわれる大仙《だいせん》古墳が世界最大といっても面積だけのことだ。それをピラミッドや始皇帝陵と比べてもどれだけ意味があるかは疑問だが、それでも大きくて立派なことに間違いない。

現在は市街地の中に堀と森があるだけだが、かつては、海に近い丘の上に、古墳の斜面に敷き詰められた葺石《ふきいし》が白く輝き、大阪湾に出入りする船からもよく見えたことだろう。神戸市垂水《たるみ》区の明石海峡を望む丘の上にある五色塚《ごしきづか》古墳は、葺石が露出する往時の姿に復元されているので、海側から見ればかつての仁徳天皇陵の姿を想像することが出来る。

この大仙古墳の被葬者を仁徳天皇であるとする説は、有力ではあるが確実とはいえない。先にも述べたように、そもそも大きな墓を造ったから偉大な王者だったとは限らないだろう。城下町へ行って歴代藩主の墓地などを見ても、墓の大きさと業績とはあまり相関関係がないのが普通だ。

大阪の建設者としての仁徳天皇

仁徳天皇が立派な王であったことを示すエピソードとして、難波高津宮《なにわのたかつのみや》の高殿に上ったときに、民家の竈《かまど》の炊煙が見えないのを嘆き、三年間、課役をやめたという有名な話があるが、記紀でこの逸話がとくにクローズアップされているわけではない。むしろ、のちに儒教思想などが盛んになる過程で、日本にも古くから仁政思想があった証拠として脚光を浴びたに過ぎず、仁徳天皇の評価が高まるのは後々の話なのだ。

ただ、この天皇が大阪という町と大阪平野の基礎インフラの初代の建設者と呼ばれうる帝王であることは間違いない。難波高津宮跡は、現在の大阪城のすぐ南側あたりにある。仁徳天皇を祀る高津宮《こうづ》は難波高津宮跡のさらに南にあるが、これは秀吉が大阪城築城の際に移転させたものだ。孝徳《こうとく》天皇の難波《なにわ》長柄豊碕宮《ながらのとよさきのみや》、聖武《しょうむ》天皇の難波宮も置かれた場所だ。

仁徳天皇は、門真《かどま》のあたりに「茨田堤《まんだのつつみ》」を建設して淀川の流路を定め、現在、大阪の都心を流れる大川（旧淀川）を運河である「堀江」として開削した。それ以前は、大水のたびに辺り一面が水浸しになっていたのである。

奈良盆地に通じる大和川《やまとがわ》はごく小さな船しか遡れないので、河口にある難波が外港として重要な役割を担ったのである（江戸時代に付け替えて堺市付近が河口になったがそれまでは淀川と合流していた）。

難波宮の殿舎は桓武《かんむ》天皇（七三七〜八〇六）が、山城の地に長岡京を建設する時に移築されるなどして、七八四年にその役割を終えた。遷都の理由は、山城盆地に都を置くと比較的大きな船で山崎のあたりまで遡れるという地の利があったことと、淀川右岸（北側）を通る西国街道が山陽地方への入り口となって、難波が主要街道からはずれてしまったからだ。

その後、難波は熊野詣での途中の渡し場に過ぎなくなってしまう。この地が再び脚光を浴びるのは、ここが要害の地であることに着目した蓮如上人《れんにょしょうにん》（一四一五〜一四九九）が御坊を置き、やがてそれが石山本願寺《いしやまほんがんじ》に発展したときだ。

仁徳天皇の死後、難波に拠った住吉仲皇子《すみのえのなかつのみこ》と大和へ逃げた弟の太子が争ったが、太子が勝利して履中天皇となり都を大和に戻した。ここから、大和の豪族たちが支持する履中と瀬戸内海から西日本にかけての住吉仲皇子支持勢力との鬩《せめ》ぎ合いを読み取ることも不可能ではない。

履中天皇と住吉仲皇子の同母弟である反正《はんぜい》天皇（第一八代）は、淡路島で生まれたとされる。兄たちの争いでは逡巡《しゅんじゅん》ののちに履中天皇側についたらしいが、忠誠の証として兄である住吉仲皇子を殺害させられた。

反正天皇の死後、仁徳天皇の皇子で残っていたのは、同母弟の雄朝津間稚子宿禰尊《おあさづまわくごのすくねみこと》と、日向髪長媛（諸県君牛諸井の娘）の子である大草香皇子《おおくさかのみこ》だった。雄朝津間稚子宿禰尊は病がちでよく歩けず、即位を辞退したが、母が日向の地方豪族である大草香皇子ではおさまりが悪かったのか、群臣は雄朝津間稚子宿禰尊の即位を願った。なお渋ったが、妃の忍坂大中姫《おしさかのおおなかつひめ》が寒風のなか長時間の説得をしたので、ようやく即位を決心した。これが允恭《いんぎょう》天皇（第一九代）である。

皇后の忍坂大中姫の父である稚野毛二派皇子《わかのけふたまたのみこ》は応神天皇の皇子で、近江の坂田郡（米原市）を本拠地にしていた。継体天皇の高祖父であって、継体天皇がよくいわれるほど傍系の出身でないことの証左でもある。
そのあとは、本来、允恭天皇の第一皇子である木梨軽皇子《きなしのかるのみこ》が即位するはずだったが、同母妹で、のちに紀貫之《きのつらゆき》が小野小町《おののこまち》をその再来と評し絶世の美女として知られる衣通姫《そとおりひめ》と近親相姦を犯したことがあるために支持が集まらず、同母弟の穴穂皇子《あなほのみこ》が即位した。これが第二〇代の安康《あんこう》天皇である。

先に紹介した仁徳天皇の皇子である大草香皇子は安康天皇の叔父にあたるが、安康天皇は、その大草香皇子と同母妹の草香幡梭皇女を、天皇の弟（皇女からすれば甥《おい》）である大泊瀬稚武皇子《おおはつせのわかたけのみこと》と婚約させようとした。だが、天皇の使いである豪族の根使《ねの》主《おみ》が、大草香皇子から天皇への贈り物（宝冠）を横領したうえに、皇子がこの縁談を断ったと讒言《ざんげん》をしたので、天皇はこれを信じて叔父を誅殺した。

安康天皇は、大草香皇子の妃であった中蒂姫《なかしひめ》（履中天皇皇女か）を皇后として迎えた。だが、中蒂姫には連れ子がいた。大草香皇子との間の子である眉輪王《まよわのおおきみ》である。眉輪王は連れ子として育てられたが、あるとき天皇が「あの子の父を殺したのが私だと知ったらどうなるだろうか」と心配する会話を聞き、眠っていた天皇を殺してしまう。眉輪王は、このとき七歳だったとされる。

眉輪王は葛城氏の円大臣《つぶらのおおみ》に匿《かくま》われた。殺人といえどももっともな理由があると同情されたのだろう。だが、殺された天皇の弟の大泊瀬稚武皇子は素早くこれを包囲し、円大臣が娘の韓媛《からひめ》と「葛城《かづらき》の宅七区《いえななところ》」とを献上することを申し出たものの許さず、火を放って円大臣と眉輪王を殺した（四五六年）。これで天皇家と並ぶ権勢を誇った葛城氏の宗家は滅び、物部氏や大友氏、蘇我氏らの時代になる。

古代の信長・雄略天皇

さて、この「眉輪王の変」で活躍した大泊瀬稚武皇子こそ、「古代日本の織田信長」ともいうべき英雄、第二一代・雄略天皇である。『日本書紀』においても、その善悪両面をどちらにも傾かずに紹介している。このことは、奈良時代の人々が、三世紀前の雄略天皇に対して、改革者としての功績や英雄としてのカリスマ性と、残忍な独裁者としての悪評という両方のイメージを持っていたことを示している。

それでも、『万葉集』においても、その冒頭を飾るのが雄略天皇の「こもよ　み籠《こ》持ち　ふくしもよ　みぶくし持ち　この丘に　菜摘《なつ》ます児《こ》　家聞《いえき》かな」という御製であることを見れば、統一国家としての日本を確固たるものにした功労者として、記憶されていたことは明らかだろう。

この雄略天皇が古代史において画期的な意味を持っているもうひとつの理由は、記紀の記述と、考古学的発見、それに中国の史書の記録がぴたりと一致するからだ。

埼玉県の稲荷山《いなりやま》古墳の出土品に、雄略天皇の本名である「獲加多支鹵大王《わかたけるのおおきみ》」の名が刻まれた金錯銘鉄剣《きんさくめいてつけん》が出土。また熊本県の江田船山《えたふなやま》古墳の出土品にもワカタケルらしき名が見られることなどにより、考古学的にもその実在が支持されている。

稲荷山古墳の被葬者は、若いころ大和へ赴き、雄略天皇に仕えたことがあるらしい。地方豪族の子弟が中央の朝廷に見習いに行ったというところだろうが、現代の県庁の幹部候補生が中央省庁に調査員として出向するのに似ている。

北関東には巨大な古墳が多く見られるが、その被葬者たちは、大和で帝王たちの墳墓に感嘆し、故郷へ帰って同じようなものを自らのために築いたのであろう。

雄略天皇は、地域国家群をヤマト王権に臣従させることを狙って、当時最大の地域政権であった吉備を反乱鎮圧の名目で屈服させた（吉備氏の乱）。

こうして、雄略天皇はかつてないほど強力な帝王になったが、豪族たちだけでなく、皇族も片っ端から殺したので、皇統の継承予備軍はひどく貧弱なものになってしまったのである。

このころ、大和朝廷は中国の南朝と国交を結び、「倭の五王」といわれる天皇が使いを派遣していた。このうち倭王武というのが雄略天皇であることにはほぼ疑いがないのだが、このことについては、次章で論じよう。

ロボットにすぎない継体天皇が新王朝の創始者のはずがない

ウソ　継体天皇は越前から出て新王朝を立てた

本当　それなら記紀はどうして英雄として描かなかったのか

天皇家は万世一系でなく、途中で王朝交替があったのではないかということを執拗にいう人たちがいる。崇神天皇や応神天皇の即位時もそうだという説があることはすでに紹介したが、それ以上に第二六代・継体天皇が新王朝の創始者だという説は広く支持されている。

だが、私はこれも可能性は皆無だと考える。

なんとなれば、『日本書紀』などで描かれる継体天皇は、華々しい英雄などでなく、なんとも存在感がない、さえない大王だからである。継体天皇は豪族の大伴金村《おおとものかなむら》に擁立され、彼らのロボットに終始したようにしか記紀は描いていないのである。

皇位継承後、自らのゆかりの地である近江や越前から連れてきた家来が高い地位に進出した形跡もない。にもかかわらず、応神朝を実力で打倒して新王朝を創ったなどという余地がどこにあるのか、まったく理解しがたい。

『日本書紀』のもとになった『帝紀《ていき》』などが成立したころの天皇は推古天皇で、継体天皇の孫だから、人々の記憶もまだ生々しかったはずだ。継体天皇の物語は、そのころ、まだ「現代史」の領域だったのだから、あまり白々しい嘘は書けないはずだ。

新王朝説を検証する

そもそも新王朝という説が出るのは、継体天皇（『日本書紀』では男大迹王《おおどのおおきみ》）が、応神天皇の五代の子孫（曾孫の孫）という遠い傍系で、しかも地方の一豪族に過ぎないのに、どうして皇位継承者に担ぎ出されたのか理解できないという理由からである。

だが、あとでその前の経緯を振り返って説明するが、当時、雄略天皇がライバルたちを片っ端から粛正した結果、皇統はたいへんな人材不足に陥っていたという背景がある。

雄略天皇の皇子のうち、白髪皇子《しらかのみこ》の母は、雄略天皇の即位前に滅ぼされたあの葛城円大臣の娘である韓媛であった。

残りの星川皇子と磐城皇子の母は、吉備稚媛といい、吉備上道臣田狭《きびのかみつみちのたさ》の妻だったが、雄略天皇は美女だと聞いて夫を任那に赴任させ、妻を奪った。この事実を知ったため、田狭は新羅に寝返ったといういわくがある。

結局、大和の豪族葛城氏出身の母を持ち父の指名も受けた白髪皇子が、吉備氏出身の母を持つ兄たちを破って帝位についた。第二二代の清寧《せいねい》天皇だ。このとき、最も功があったのが大伴室屋《おおとものむろや》である。

葛城氏宗家はすでに滅亡していたが、この清寧天皇だけでなく、続く第二三代・顕宗《けんぞう》天皇、第二四代・仁賢《にんけん》天皇の母も葛城氏出身であり、なお侮りがたい勢力を持っていたようである。あるいは、滅ぼされた者たちの怨霊をおそれるような考えがあったのかもしれない。

一般に怨霊をおそれる考え方は、九世紀ごろから明らかに存在するが、作家の井沢元彦氏はそれ以前になかったとは言い切れないとする。断定はできないが、そういうこともありえるだろう。

皇統断絶の危機

さて、雄略天皇が皇族を片っ端から殺《あや》めたために皇統断絶の危機が訪れたのだが、清寧天皇には后妃がなく、したがって子供もいなかった。そこで清寧天皇は、履中天皇の孫にあたる億計王《おけのみこと》と弘計王《おけおう》という二人の子供が播磨で牛飼いをして身を隠していたので、これを迎えた。

彼らの父である市辺押磐皇子《いちのべのおしはのみこ》は、雄略天皇のライバルだったので、雄略天皇（当時は大泊瀬稚武皇子）によって近江の蚊屋野《かやの》（滋賀県蒲生郡日野町）へ狩猟に誘い出され射殺されている。そこで皇子たちは丹波を経て播磨赤石に逃れ、住んでいたのだ。名乗り出て大和に還ったのは、清寧天皇になってからのことである。

彼らは兄弟で皇位を譲り合ったので、同じく市辺押磐皇子の子の飯豊青皇女《いいとよあおのひめみこ》が一時的に政務を執った。『日本書紀』には「飯豊皇女、於角刺宮（つのさしのみやにて）、与夫初交（はじめておとことまぐわいしたまいき）、謂人曰（ひとにかたりていわく）、一知女道（ひとはしおんなのみちをしらん）、又安可異（またいずくんぞことならん）、終不願交於男（ついにおとことまぐわいねがわじ）」という記事があり、生涯に一度だけ男性と交わり、「これで女になったが、変なものだ、もう二度といやだ」といったとされている。唐突な記事で相手が誰だとも書かれていない

結局、しばらくして、先に名乗り出た弟の弘計王が即位して第二三代の顕宗天皇となった。罪無くして死んだ父を弔い、また父の雪辱を果たすべく父の殺害に関与するものを処罰し、雄略陵を破壊しようともしたが、兄の億計王に止められた。

子供はなかったので、兄である億計王が第二四代仁賢天皇となった。今の天理市あたりを基盤とする和珥《わに》氏との関係が深く、天理市の石上広高宮《いそのかみのひろたかのみや》に都を置いた。皇后の春日大娘《かすがのおおいらつめのひめみこ》皇女は雄略天皇の皇女である。春日大娘皇女が生んだ皇女は後に第二六代・継体天皇の皇后となり、春日大娘皇女の孫に当たる第二九代・欽明《きんめい》天皇を通じて現皇室に血統が伝えられている。

第二五代の武烈《ぶれつ》天皇は「妊婦の腹を割いた」「木に登らせてそれを切り倒し殺した」「爪をはいで山芋を掘らせた」など悪逆の暴君としての逸話が『日本書紀』には

多く書かれている。法に詳しく裁判を好み、罪を明らかにして厳罰に処し、処刑を見物することを好んだともいう。

並べられている行為は、定式的な暴君伝説で、古代だけでなく、江戸時代の殿様でも、蒲生氏郷《がもううじさと》の孫で松山藩主だった忠知《ただとも》などについても同じようなことが伝えられている。

とはいえ、武烈天皇には子がなく、皇統を継承する大王家《おおきみ》の断絶が刻々と迫って来るなかで自暴自棄になったということは、ありうるのであって、暴君であったというところまで「伝説」とする必要もあるまい。その実在を疑う意見もあるが、「本当とは思えないので架空の人物では」などというのはあまりにも飛躍した思考といえるだろう。

武烈天皇のもとでの権力者は大伴金村である。即位の前に、雄略時代からの大臣で大王をしのぐような権勢を誇ったという平群真鳥《へぐりのまとり》を滅ぼしている。武烈天皇は真鳥の子である鮪《しび》と物部麁鹿火《もののべのあらかひ》の娘・影姫《かげひめ》を争って破れ、金村にそそのかされて親子を滅ぼしたのである。

継体天皇はもともと有力皇族だった

さて、武烈天皇は後継者を決めずに崩御してしまう。そんななかで、男大迹王（継体天皇）は傍系とされるものの決してマイナーな皇族ではなかった。すでに述べたように曾祖父の姉妹が允恭天皇の皇后になった安康、雄略両帝の母なのである。

それでも、男大迹王は第一候補者ではなかった。先にも述べたように、まず大伴金村らは仲哀天皇の子孫の倭彦王を丹波から迎えようとしたが、迎えの使いを追討軍と勘違いし逃亡したので、お鉢が回ってきたのだ。こうして継体天皇が擁立される。

継体天皇の父の本拠は近江の東部にある米原市だが、生まれたのは同じ近江でも湖西にある高島市三尾で、父が早く死んだために母の実家がある越前で育った。

さて、大伴金村の招きで皇位継承を引き受けたのだが、大和にいきなり入ることは危険だったので、大阪府枚方市《ひらかた》楠葉丘《くずはおか》の交野《かたの》天神社付近の樟葉宮《くすはのみや》で即位し、五年間をここで過ごした。そののちも、京田辺市の筒城宮《つつきのみや》（その跡は現在、同志社大学の田辺キャンパスになっており、構内の公園に石碑がある）で七年、弟国宮《おとくにのみや》（のちの長岡京の域内。牡丹《ぼたん》の名所として知られる乙訓寺《おとくにでら》ないし、その北の長岡第三小学校のあたり）に八年間もいた。

こうして二〇年の月日が流れたのち、継体天皇はようやく大和に入ったのである。天皇には、即位前から尾張連《おわりのむじな》出身の娘など多くの妻がいたが、即位ののちには、仁賢天皇の手白香皇女《たしらかのひめみこ》を皇后として、正統性を補強した。

これだけ慎重に構えたについては、恐らく大和の豪族たちの支持に不安があったのであろう。のちに室町将軍が京から逃げ出して近江のあたりを行ったり来たりしたのとよく似た事情だ。ただし、その間に一度も大和に足を踏み入れなかったわけではなかろう。いずれにしても「テロへの恐怖」が根底にあったのだと私は思う。

継体天皇のあとは、越前時代に生まれていた皇子二人が相次いで即位した。安閑《あんかん》天皇（第二七代）と宣化《せんか》天皇（第二八代）である。

安閑天皇と宣化天皇は尾張目子媛《おわりのめのこひめ》を母とする、継体天皇が即位する前に生まれた子である。それに対して、第二九代の欽明天皇は、即位後に結婚し皇后となった手白香皇女の子である。五三九年、三一歳で即位した。

『日本書紀』の編者は、この辺りの出来事についての確かな史料を持っていなかったようで、「また聞くところによると、（継体天皇以降）日本の天皇および皇太子・皇子皆死んでしまった」という『百済本記《くだらほんぎ》』が伝聞として書いている記事の引用までしている。そこで、二系統が並立した時期があるのではという説もある。

たしかに、政治的には欽明天皇の即位ののち物部守屋《もののべのもりや》（？～五八七）と蘇我稲目《そがのいなめ》（？～五七〇）が大伴金村に代わって政権を担っており、安閑・宣化は大伴、欽明は物部・蘇我に近いという図式はあったかもしれない。

だが、大伴氏が完全に排撃されたわけでもないし、すでに書いたように、『帝記』などの史書が成立したころには、継体天皇の事績などはまだ現代史の領域だったのだから、まったくの嘘は書きにくい。百済の史書の記述も曖昧なものでしかなく、あまり当てにならない。結局のところは、子細はよく分からないとしかいいようがないが、だからといって、新王朝だというのはひどい論理の飛躍である。

安閑天皇の皇后は仁賢天皇の皇女で、継体天皇皇后の異母姉妹である春日山田皇女《かすがのやまだのひめみこ》である（その母は和珥氏一族）。天皇は器量、武威に優れ、寛大であったというが、子孫は残さなかった。

越前ないしは近江で生まれた宣化天皇は、嫡流を異母弟の欽明天皇の子孫に奪われる。ただ、三人の皇女はいずれも叔父である欽明天皇の妃となり、長女の石姫皇女《いしひめのひめみこ》は敏達《びたつ》天皇（第三〇代。五三八～五八五）の母となり、現在の皇室につながっている。

推古天皇は本当に最初の女帝なのだろうか

ウソ　推古天皇は蘇我馬子が強引に過去の例を破って女帝にした

本当　それまでも事実上の女帝はいたが制度として確立していなかっただけだ

大河ドラマ『江《ごう》〜姫たちの戦国〜』の主人公であるお江が生まれた浅井《あざい》家は物部氏の末だという言い伝えがある。だが、信心深い茶々《ちゃちゃ》（淀殿）が仏教に反対した物部氏の子孫であることを嫌い、藤原氏であることにしたというのである。

百済の聖明王《せいめいおう》（?〜五五四）は、五五二年（あるいは五三八年）、当時親善関係にあった日本に、仏像や経典を献上してきた。このときには、大伴金村は継体天皇の時代に任那四郡を割譲した失敗の責任をとらされて引退しており、物部守屋（大連《おおむらじ》）と蘇我稲目（大臣《おおおみ》）が両巨頭だったが、後者が仏教擁護派であったことはよく知られた通りである。

欽明天皇は、継体天皇と仁賢天皇の皇女・手白香皇女との子供である。仁徳天皇の血を引く、大和の豪族たちにとっても正統性の高いプリンスというわけだが、宣化天皇の皇女石姫皇女（母は仁賢天皇の皇女）を皇后とすることで、越前・近江系勢力との妥協も図られている。

いずれにせよ、応神五代の孫でしかない継体の即位という正統性をゆるがす危機があったものの、手白香皇女を通じて、辛うじて仁徳の血統は維持されたのである。その意味で欽明というのは、男系主義での血統が最低条件である一方、女系による補完もありえるという、「万世一系」のオーソドックスな歴史的解釈を体現する重い意味を持つ天皇だ。昨今の皇位継承問題でも、こうした〝合わせ技〟が検討されないのはおかしなことだと思う。

しかし、欽明天皇ののちは、ふたたび皇位は敏達系と用明《ようめい》系という対立を抱えるのである。

敏達vs用明の構図

第三〇代の敏達天皇は、欽明天皇と宣化天皇の皇女である皇后との子である。最初の皇后は息長真手王《おきながのまてのおおきみ》の娘である広姫《ひろひめ》で、押坂彦人大兄皇子《おしさかのひこひとのおおえのみこ》（舒明《じょめい》天皇の父）などを生んだ。そののち、敏達天皇は父である欽明天皇と蘇我堅塩媛《そがのきたしひめ》（稲目の娘）との子である額田部皇女《ぬかたべのひめみこ》（推古天皇）を皇后とした。

敏達天皇の死後は、第一皇子の押坂彦人大兄皇子《おしさかのひこひとのおおえのみこ》が若すぎたためか、皇后の同母兄であった用明天皇（五四〇〜五八七）が第三一代の天皇となった。聖徳太子の父であり、はじめて蘇我氏の血を引く天皇が誕生したことになる。

物部守屋は後継に欽明天皇と蘇我小姉君《そがのおあねのきみ》（蘇我稲目娘堅塩媛《そがのいなめのむすめのきたしひめ》の姉妹）との子である穴穂部皇子《あなほべのみこ》を推した。用明天皇の皇后で、厩戸皇子《うまやどのおうじ》（聖徳太子）の母である穴穂部間人皇女《あなほべのはしひとのひめみこ》と同母兄弟であるが、敏達未亡人の額田部皇女（推古天皇）を犯して妃にしようとして失敗した。

蘇我稲目の子・蘇我馬子《そがのうまこ》は額田部皇女、厩戸皇子などを糾合して対抗し、物部守屋を殺害したが、結局、後継に選ばれたのは、穴穂部皇子の同母兄弟である泊瀬部皇子《はつせべのみこ》（第三二代・崇峻《すしゅん》天皇）であった。

だが、崇峻天皇は兄弟の穴穂部皇子などと同じように自意識がかなり強い人物だったのだろう、即位したあとでも政治の実権は常に馬子が握っていることに、次第に不満を感じるようになったらしい。

猪を献上されたとき、天皇は笄刀《こうがい》を抜いて猪の目を刺し、「いつかこの猪の首を斬るように、自分が憎いと思っている者を斬りたいものよ」といった。これを聞いた蘇我馬子は東国からの貢ぎ物を受け取る儀式と偽りをいい、天皇を臨席させ、東漢《やまとのあや》の直《あたい》駒《こま》の手によって暗殺させた。日本史で暗殺されたと公式に記録されている天皇は、安康天皇とこの崇峻天皇だけである。

女帝、誕生

このあと、順当に行けば敏達天皇の長子である押坂彦人大兄皇子（舒明天皇の父）も候補となり得たはずだが、蘇我氏との血縁がなかったことから外されたのだろうか。かといって、若い厩戸皇子が押坂彦人大兄皇子を押しのけて天皇になるだけの説得力もなかったのだろう。

そこで、欽明天皇の皇女で敏達天皇の皇后だった推古天皇が初の女帝となったのである。ただし、推古天皇が初の女帝であるかというと疑義がないわけではない。推古に先立つ二〇〇年の間にも、神功皇太后と飯豊皇女が事実上の女帝だった前例があった。

ただ、男の大王とは別物だと認識されていたとみたい。だが、日本の版図《はんと》が拡大し、国際交流も活発になったので、君主不在というわけにはいかなくなり、それならいっそ女性にも「大王（治天下大王《あめのしたしろしめすおおきみ》）」を名乗っていただいては、ということになったのだろう。

たとえば、個人企業ならご主人が亡くなっても「女将さん」をご主人とはいわずそのまま女将さんと呼びつつ事実上の主人として扱うが、これが企業規模が拡大して会社組織になると、あらためて「社長」を名乗るようになるのと似たことでないか。すでに欽明天皇即位のときに山田皇女《やまだのひめみこ》（安閑天皇皇后）の即位という案もあったと『日本書紀』にもあるから、すでに何度か議論の俎上《そじょう》に置かれていたのであろう。

一方、『隋書』「倭国伝」に「倭王姓は阿毎《あめ》、字《あざな》は多利思比孤《たりしひこ》、阿輩雞彌《おほきみ》と号す」とあって、これは聖徳太子のことではないかという人もいる。だが、これは、中国史上唯一の女帝である則天武后《そくてんぶこう》（六二四〜七〇五）の出現以前でもあり、女帝など戴いているというのでは蛮族扱いされてまずい、と思ってそういったのでないか。

このように、倭国の周辺状況の変化や法制的な整備が進むなど、国内的にも国際的にもいろいろな意味で、「大王」というコンセプトも変革期にあったということだ。

『日本書紀』は、推古天皇の即位とともに厩戸皇子が皇太子兼摂政になったとしているが、敏達周辺をしぶしぶでも納得させるために、まずその皇后である推古天皇を立て、次は厩戸、さらには敏達天皇と皇后の子である竹田皇子《たけだのみこ》ということもありうるという路線を敷き、第一皇子の押坂彦人大兄皇子を押さえ込もうとしたのだろう。

だが、結局はこの押坂彦人大兄皇子の系統に皇統は引き継がれることになるのだが、それについては、あとで説明しよう。

第六章

中国の混乱と大和朝廷必死の外交戦略

日韓古代外交史（神功遠征から新羅滅亡まで）

応神	346	神功皇后が新羅を攻め三韓が服属
	372	百済王が七支刀（石上神宮）を贈る
	391	倭国新羅·百済を臣民に（広開土王碑）
仁徳		このころ新羅王子未斯欣が倭の人質に
	413	南朝と使節の往来
		新羅は倭に朝貢するも安定せず対立も
	414	広開土王碑を建立
反正	427	高句麗が平壌に遷都
	435	高句麗は北朝（北魏）にも朝貢
雄略		日本と高句麗の新羅を巡る覇権争い
	475	百済が漢城（ソウル）から熊津に遷都
	478	倭王武が安東将軍に
	479	日本にいた王子を百済王（東城王）に
継体		このころ半島南部に前方後円墳出現
	512	日本が任那四県を百済に譲渡
	513	百済から五経博士が来日
継体	521	新羅が南朝に朝貢するなど台頭
	527	筑紫磐井の乱
	531	近江毛野が任那で暴政
欽明	551	百済が高句麗から漢城奪還
	552	百済の聖明王が仏教を伝える
		新羅が百済から漢城を獲得
	554	百済聖明王が新羅と戦い戦死
	562	任那を新羅が滅ぼす
崇峻	588	百済の技師などを招き飛鳥寺建設
推古	603	新羅への派兵を企てるが中止
	611	隋が高句麗に遠征するが失敗
皇極	642	百済が任那の調を献ず
天智	660	唐が百済を滅亡させる
	662	倭は豊璋を百済国王として送り込む
	663	白村江の戦いで唐·新羅が倭を破る
	665	このころ西日本に防衛施設を整備
	668	高句麗が滅亡する
天武	676	新羅が百済·高句麗領を唐から獲得
	679	新羅·高句麗が朝貢
持統	695	新羅が王子金良淋を倭に派遣する
文武	702	大宝の遣唐使派遣
		新羅は調を続け倭との友好求める
聖武	727	初の渤海使が来日
	732	新羅が唐の要請で渤海を攻撃
	735	唐が新羅の鴨緑江以南の領有承認
	735	新羅使を無礼として受け入れ拒否
孝謙	752	新羅朝貢使節が大仏用に金を献上
	753	長安で新羅より上位の席次を要求
	753	新羅が日本使節を無礼として拒否
淳仁	762	恵美押勝が新羅遠征を計画
光仁	779	新羅が任那の調を復活
	780	新羅の国内混乱で立場弱まる
桓武	795	防人制の廃止（対外軍備の縮小）
仁明	836	最後の新羅への使節派遣
醍醐	918	高麗の建国
朱雀	935	新羅の滅亡

朝鮮半島の情勢（6世紀）

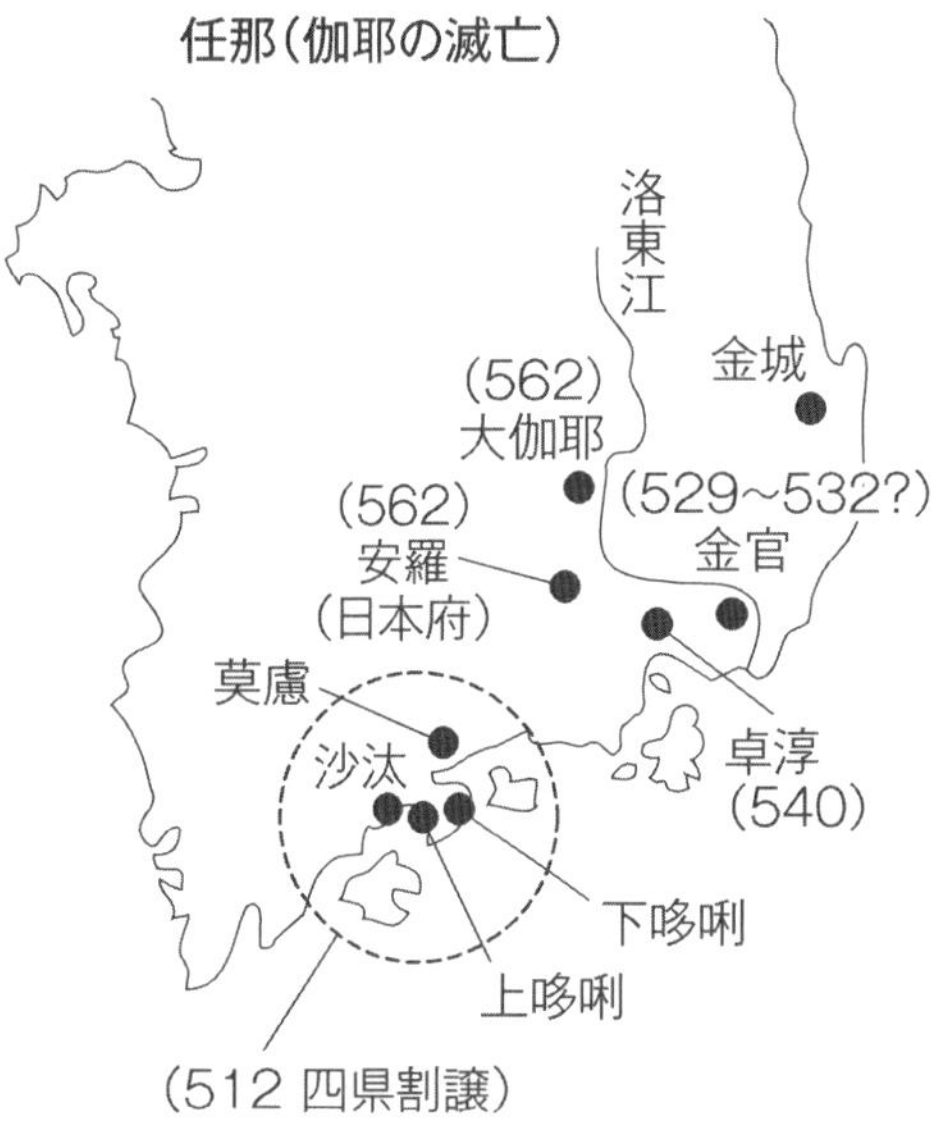

本表は日本外交の立場から見た経緯である。日本は執拗に宗主権と権益を主張しながら、現実に唐や新羅が衰えると逆に主張を引っ込めた。もともと、国内政治上の面子が主関心事だったからだろう。

❗任那問題〜日本と朝鮮半島の対等な関係は歴史上存在しなかった

ウソ 朝鮮のような先進国が日本の支配下に置かれたはずがない

本当 任那日本府という名称はともかく朝鮮半島に日本支配地域はあった

大和朝廷にとって最大の関心事は、四世紀から七世紀まで一貫して朝鮮半島における領土や権益を保持し、大陸の文物をそこから輸入する道を確保することだった。どうして、困難でコストも伴う海外領土にそこまでこだわるのかという気もするが、ヨーロッパの中世でも、イギリスはフランスの、フランスやドイツはイタリアの領土に異常なまでの執着を見せたのと同じであろう。

ところで、四世紀から六世紀あたりの日本と朝鮮半島の関係をどうとらえるかについては、「任那のような拠点を日本が持っていたとか、百済や新羅に日本が優越した関係にあったというのは架空の話だ」と韓国・朝鮮の人たちは言いたがる。

だが、その根拠はといえば、相対的に先進文化地域だった朝鮮半島が、遅れた日本の支配下に置かれるはずがないということだけのようだ。だが、世界の歴史において先進地域が後進地域の植民地にされることも決して珍しいことではない。

ここでは、『日本書紀』などに示された「日本国家」としての歴史的な公式見解を、史実と矛盾のないように「合理的」に補足しつつ示してみよう。韓国・朝鮮の人たちには不愉快な点もあろうが、日本側がそう主張してきたというのは、歴史的事実だから仕方がないのであって、そこを外交的配慮で曖昧にすべきではない。

古代の日朝交流史

中国の戦国末期である紀元前三世紀に、遼寧省《りょうねい》に「古朝鮮」が成立したのが朝鮮国家の始まりという。それがどれほどのものかはともかく、漢帝国は西暦前一〇八年にこれを滅ぼして楽浪郡を設置し、朝鮮半島北部までを支配した。

やがて、鴨緑江《おうりょくこう》中流域から高句麗が起こって広大な領土を誇り、一方、半島南部では馬韓《ばかん》・弁韓《べんかん》・辰韓《しんかん》といった地方ごとに小国の連合体が成立していった。そこに、倭人たちも介入することが多かったが、三世紀にあっては北九州人が多かった。

だが、四世紀に大和朝廷の支配が九州に及ぶようになると、いわゆる「神功皇太后による三韓征伐」が行われるなど、日本国家としての組織的介入が行われた。このことは、中国吉林《きつりん》省の鴨緑江河畔にある「好太王碑」によって大筋において確認されている（改ざん説も一時はあったが最近ではあまり支持者がいないようだ）。

馬韓では百済、辰韓では新羅が盟主として成長していったが、日本との通商が盛んだった弁韓では、そうした核になるクニがなく、日本の影響が増し、日本人で住む者も多かった。

旧弁韓地域（加耶《かや》）について『日本書紀』では全域を「任那」と呼んでいるようだが、これは、もともと釜山《ふざん》の東にあった金官国（金海）のことだったものを日本側で拡大して使っていたらしい。

この地域を中心に、多くの日本人や韓子（日韓混血）が住み、大和朝廷が影響力を行使する窓口としての役割を担い、なかには日本式の前方後円墳を築いた者もいる。だが、新羅と百済の国力伸長は、加耶のうちそれぞれに隣接する地域の併合を避けがたくした。たとえば、継体天皇のときに任那四県（加耶西南部）を百済に割譲したとか、金官国が新羅に征服されたといったことが起きている。

このころ日本とある種の朝貢関係にあった新羅と百済のうち、日本は前者には厳しいが、後者には甘かった。というのは、百済が大量にもたらしてくれた中国南朝の法制度や仏教などの文化、産業技術などの情報が、統一国家建設にあたって不可欠だったからである。

この点においては、中国に近い西海岸にある百済が新羅より優位にあったのは当然である。だが、この親百済外交は、加耶諸国の利益を損なうことも多く、彼らを新羅に近づかせる結果をもたらした。加耶北東部の大加耶が新羅に下ったこともそれが背景にあった。

日本・新羅・百済・唐の関係

加耶地域における日本の最後の拠点となったのは、金官国の西にある安羅《あら》であり、ここに設けられた出先機関がいわゆる「任那日本府」である（そういう名前はそのころ使われてなかった可能性も強いが）。これが五六二年に新羅に征服されたのが、いわゆる「任那の滅亡」である。

ただし、新羅は舒明天皇のころまで、日本に任那人の使節を伴い「任那の調《みつぎ》」を継続させ、新羅がこの地域を支配する限りは、宗主権がある日本に対して納税する義務があることを否定するものでないと認めていたわけである。

また、新羅がかたくなに反日的であったというわけではない。百済、高句麗、さらには中国との対抗上、新羅も日本との連携を望んでいたし、王族がしばしば来日もしている。むしろ問題は、日本海側の新羅が日本に対して黄海側の百済に比べて中国の文物の提供などで有利な提案を出来なかったことだった。それに、百済には日本に百済人が多く移住してきたことなど過去の実績があり、日本の支援を受けやすい条件が整っていたのである。

百済がいったん滅亡したのちに復興を図ったが失敗した白村江《はくすきのえ》の戦い（六六三年）のあとも、日本と新羅はつねに対立していたわけではない。唐が百済の地を新羅の支配にゆだねずに自ら支配しようとしたこともあり、むしろ唐と新羅が対立した。

唐からの協力申し出があって天智天皇《てんじ》（第三八代。六二六〜六七一）はこれに傾斜したが、のちに天武天皇《てんむ》（?〜六八六）が新羅との友好関係を重視したことで日本と新羅の関係は好転し、むしろ日唐関係が悪い時期もあった。だが、朝鮮半島を統一した新羅は朝貢関係の継続に難色を示したので、日本は渤海国《ぼっかい》との関係を深めるなどして新羅を牽制《けんせい》する。また、唐帝国の全盛期には、日本も新羅もその権威をいずれも認めざるを得ない時期もあった。

だが、藤原仲麻呂《ふじわらのなかまろ》（七〇六〜七六四）は唐で安禄山《あんろくざん》の変（七五五〜七六三）が起きたのに乗じて新羅侵攻を本格的に準備したこともある。こうした情勢を受けて、新羅は任那の調を復活させるなど柔軟姿勢に転じたのであるが、日本が悪のりして両国関係が朝貢関係であることを明確にするように要求する一方で軍事的圧力には消極的だったので、関係は疎遠なままで推移し、八三六年を最後に日本と新羅の外交関係は休止した。もっともその間も主に新羅商人などを通じた貿易は維持された。

対等の外交が成立しなかった不幸

そののち、時代が下るが高麗《こうらい》がたびたび日本との外交を望んだこともあったが、日本側はこれを受けなかった。そうした冷たい関係ののち、やがて一三世紀の元寇《げんこう》において、高麗はモンゴル帝国の日本侵略に荷担した。

また、李氏朝鮮に対しては、豊臣秀吉が明征服にあたって協力を求めたがこれを拒否されて、文禄《ぶんろく》・慶長《けいちょう》の役（一五九二〜一五九八）が起こされた。だが、江戸幕府は再征の可能性もちらつかせつつ交渉し、朝鮮通信使というやや曖昧な朝貢使節を朝鮮側が派遣することで手が打たれた（一六〇七年）。

日本では「朝鮮通信使」を称賛する人も多いが、日朝が互いに鎖国状態のなかでの必要最小限の交流でしかないし、やや曖昧さは残しているが、朝鮮から日本への朝貢に準じたものであったし、それは、第三次出兵をちらつかせながら実現したものだった。「朝鮮通信使」を対等で好ましい関係だという議論のような、史実に基づかない政治的な歴史解釈はよろしくない。

こうして、日本と朝鮮半島の間には、不幸なことに、きちんとした形での対等の外交が一度も成立しないまま近代を迎えたのである。

それが一九一〇年の日韓併合などを正当化するものでないことは当然だが、近代日本が朝鮮半島において特殊な歴史的立場があると主張したことは、荒唐無稽なわけではない。また、朝鮮王国の清帝国への朝貢関係の清算を要求するうえでも、いちおうは主張すべき論点であったことは理解されるべきだ。

パレスティナ問題でもそうだが、千年以上も前の歴史証文を持ち出すことは外交の世界で珍しいことでも不当なわけでもない。

そもそも、東アジアの国際秩序において、中国が自国を盟主とした冊封《さくほう》体制を主張し、日本やベトナムのようにそれを認めたくない国と、朝鮮王国や琉球王国のようにそれを積極的に受け入れる国が併存する以上は、緊張は避けられないのである。

倭の五王の使節は中国に朝貢したのか中国が日本に朝貢したのか

ウソ 中国南朝に朝貢して称号をもらうことで朝鮮半島での勢力拡大に成功した

本当 九州の出先の判断で使節を送ったが役に立たなかったので沙汰止みに

日本と中国の国交がいつ始まったかというと、金印をもらった漢委奴国王《かんのわのなのこくおう》とか邪馬台国の卑弥呼による魏との交流があるが、それらは、日本国家の記憶にないもので、現代に至るまでの継承性を持っていないということはすでに論じた通りである。

それでは、日中両国の国交をどこから論じるべきかといえば、「倭の五王」による朝貢といわれている交流からである。ただし、朝貢というのは中国側の解釈であって、日本側としてそう認めているわけでない。

『日本書紀』では中国側から称号などを賜ったことについては触れておらず、むしろ中国側が貢を持ってきたことが強調されているのである。

このころ、中国では南北朝時代だった。後漢が滅びたのが二〇八年で、中国は三国時代（魏・呉・蜀《しょく》）になるのだが、洛陽など中原の地を占めて断然強力だったのは魏である。そこに二三九年に使いを送ったのが卑弥呼である。

魏は二六五年、家臣の司馬氏に乗っ取られて晋《しん》(西晋)となり、その翌年には卑弥呼の娘である壱与(イヨ)がここに使いを送っている。蜀はすでに二六三年に魏に滅ぼされていたが、晋はやがて呉を二八〇年に滅ぼして中国を統一した。

ところが、このころから北方異民族の侵入が激しくなり、三一三年には楽浪郡が廃絶、晋は三一六年に洛陽を追われ、翌年、建康《けんこう》(南京)に移った。

江南では晋(東晋)・宋《そう》・斉《せい》・梁《りよう》・陳《ちん》と王朝交替が頻繁で、それに三国時代の呉を加えて六朝といい、「六朝《りくちよう》文化」が豊かな江南の地で花開いた。軍事的にはあまり強くなかったが、「竹林の七賢人」に代表される「清談」が好まれ、老荘思想や仏教が盛んだった。

一方、華北は北魏によって四三九年には統一され、南北朝時代となった。ただし、このころは、満州(中国東北部)から朝鮮半島北部では高句麗が盛んだったので、北朝が半島に関わることはなく、日本が関心を持つ朝鮮半島南部に影響を持っていたのは、南朝(宋・斉・梁・陳)の方だった。

そこで、四一三年に中国側がいう「倭王讃」(仁徳天皇か)の使節が東晋にやってきたのを皮切りに、讃、珍、済、興、武と彼らが呼んだ五人の倭王が使節を派遣してきた。
「讃」は応神、仁徳または履中、「珍」は仁徳または反正、「済」は允恭、「興」は安康、「武」は雄略天皇だといわれている。

倭王から中国皇帝への上表文

倭王たちは朝鮮半島での軍事行動を正当化するための称号を南朝の皇帝に求めた。倭王の使節は、次のような上表文を南朝の皇帝に提出したと中国の史書は主張している。

「昔からわが祖先は、みずから甲冑《かっちゅう》をつけて、山川を跋渉《ばっしょう》し、安んじる日もなく、東は毛人《えみし》を征すること五十五国、西は衆夷を服すること六十六国、北のかた海を渡って、平らげること九十五国に及び、強大な一国家を作りあげました。

わが国は代々中国に仕えて、朝貢の歳をあやまることがなかったのであります。私も道を百済にとって朝貢すべく船をととのえました。ところが、高句麗は無道にも百済の征服をはかり、辺境をかすめおかし、殺戮《さつりく》をやめません。

そのために朝貢はとどこおって良風に船を進めることができず、使者は道を進めても、かならずしも目的を達しませんでしたが、いよいよ武備をととのえ父兄の遺志を果たそうと思います。

みずから開府儀同三司《かいふぎどうさんし》の官をなのり、わが諸将にもそれぞれ称号をたまわって、忠誠をはげみたいと思います」

一方、南朝の宋の順帝《じゅんてい》は、四七三年に武を「使持節都督倭・新羅・任那・加羅・秦韓・慕韓六国諸軍事安東大将軍倭王」（『宋書』順帝紀、倭国伝）としたが、武が要求した、「開府儀同三司」という高い官職は認めず、「百済」の文字は省かれた。

だが、このときを最後に使節の派遣は途絶えている。南朝の梁の初代皇帝の武帝が、五〇二年に倭王武を征東大将軍に進号したとあるが、これは、新しい王朝の創立を機に、前王朝の与えていた称号の再確認を、役所の引き継ぎ的に一方的に行っただけだと思われる。

南朝の勢威が衰えるのは五四〇年代に入ってからだから、そのことが倭王武が使節を送るのをやめた理由ではなさそうだ。むしろ、こうした称号があまり実効性を持たないと日本側、雄略天皇が評価した、あるいは、南朝の皇帝に要求した百済への宗主権が明確に認められなかったのが不満だったといったことだったとみるべきだ。

そして、中国からの文物の輸入は、百済経由で間に合わせた。そのことは百済に任那地域の領土問題などで借りになったが、直接の交流よりはローコストであったし、中国との付き合いにありがちな屈辱的な態度を取らずに済むメリットもあった。

このころの中国南朝と倭国の間における百済の役割は、江戸時代の琉球に少し似ている。日本は明や清に朝貢する気はない。だが、中国の文物は欲しい。そこで、琉球を九州の島津氏の支配下において、その琉球に中国に朝貢させて用を足していたのである。

このときに、琉球が日本より先進国だったと一般論としていえるわけではない。ただ、中国の文物の輸入ということについては、琉球が一歩先んじていたのは確かなのである。あるいは、同じ江戸時代の朝鮮通信使にしても、朱子学などについてだけは、中国に朝貢し密接な交流があった朝鮮が進んでいたので、日本の学者はこぞって教えを請うたが、だからといって、江戸時代の朝鮮が日本より「先進国」だったわけでも、日本に対して外交的に優位だったのでもないのだ。

同じように、百済は大陸文明の受容において日本より優位にあったが、日本独自で発展したものもあるのだから、一般論として百済が先進国で日本が後進国だったというものではない。

また、百済の方が南朝からもらった称号でも分かるとおり日本より優位にあったのが真実だとか、記紀に示されるような、「百済は日本に従属していたし、日本は南朝に朝貢などした憶えはない」という日本側の国際関係観を間違いだと決めつけるのも適当とはいえないのである。

「九州王朝説」にも一面の真理がある

ここで、「九州王朝説」と呼ばれる議論についてもふれておこう。これは、歴史研究家・古田武彦氏によって提唱されたもので、七世紀末まで九州に日本を代表する王朝があったのであり、倭の五王もあるいは遣隋使を送ったのも大和朝廷でなく、九州の王であるというものだ。そして、その首都は大宰府だったという。

古田氏の説は、記紀などはすべて嘘が書いてあるだけで、真実を書いた文書などはすべて抹消されたという前提に立ち、そのうえで文学作品のように想像をふくらませたストーリーを創り上げたものだ。

しかし、大和朝廷による外交のかなりの部分が九州で企画立案されたり、大和朝廷の名の下で自由な裁量のもとで処理されていたということはある。

近世においても、朝鮮外交は対馬藩によってかなりの部分が担われていた。場合によっては、徳川幕府の十分な了解を得ないまま進められており、国書改ざん事件も起きている。

古代においても、中国や朝鮮の言語に通じた人材が九州に圧倒的に多かったことは当然で、大和に細かいことを相談せずに外交が行われたことは、おおいにありそうなことだ。

私は卑弥呼の手紙は洛陽で中国人によって作成されたものだろうと書いた。それに比べれば、先に紹介した倭王武の上表文となると、大和朝廷の気持ちをかなり反映したものにはなっている。

だが、この使節について、『日本書紀』には南朝の方から朝貢してきたように書かれている。これに関して、中国との対等外交を指向したのちの時代の人が、朝貢関係の過去を隠しておきたかったために都合よく書いたという説もある。

しかし、九州あたりの出先の役人の判断で書かれた上表文だと思えば、ほどよくつじつまが合うように思う。国内政治のうえでは、南朝からもらった称号など何の役にも立たないのであるから重要視しなかっただろうから、もっぱら、出先の判断で適当に使節を送ったり手紙を書いたりし、大和朝廷には、南朝の方から朝貢してきたぐらいにいっていたということもありうるのだ。

現代でも、外務省の役人や外交官は、中国や韓国に対して卑屈な外交を独断でしがちだと保守派の人たちはしばしば非難している。嘘をついてもばれる可能性が少ない古代にあっては、もっといい加減なことが横行していても不思議でないのだ。

❗遣隋使は対等外交を主張したのか

ウソ 隋の煬帝を怒らせて失敗に

本当 高句麗をめぐる隋の弱い立場につけ込んで成功

千里鶯啼《な》きて緑紅《みどりくれない》に映ず
水村山郭酒旗《すいそんさんかくしゅき》の風
南朝四百八十寺《しひゃくはちじゅうじ》
多少の楼臺烟雨《ろうだいえんう》の中《うち》

これは、晩唐の詩人杜牧《とぼく》が詠んだ「江南春望絶句《こうなんしゅんぼうぜっく》」の一節だが、六朝文化を江南の地に花開かせた南朝には日本人の心に共感を呼び起こさせるものがある。

だが、南朝は五四八年の侯景《こうけい》の乱以降になると、急速に衰え、五八九年に最後の陳王朝が隋《ずい》によって滅ぼされた。

これをもって、日本が断続的に関係を持ってきた漢王朝の系統を引く正統王朝は滅びてしまったのである。

隋にとっては、北方における突厥《とっけつ》と高句麗が脅威だった。そこで、隋の初代皇帝の文帝《ぶんてい》は、内紛に乗じて突厥を東西に分裂させた（五八三）。また文帝は、東方では高句麗が隋領に侵入してきたことを口実に三〇万の遠征軍を送ったが、これは大失敗に終わった（五九八）。

そのころ日本では、聖徳太子が任那回復のために必死の努力をしていた。そうした国際情勢のもとで、日本と隋が国交を持ち連携する条件が整ってきたのである。

遣隋使の始まり

『日本書紀』には記載がないが、すでに述べたように、『隋書』「倭国伝」には、六〇〇年（推古八）、日本から遣隋使が派遣されてきたと書いている。この使節を派遣した大王の名は「姓は阿毎、字は多利思北孤」で「阿輩雞彌と号す」とある。

日本側の記録にないのは倭の五王の使節について書いたように、現場の判断レベルでの派遣だったからではなかろうか。阿輩雞彌が「大王」であることは明らかだが、阿毎多利思北孤は小野妹子《おののいもこ》の先祖で、第五代・孝昭天皇の皇子である天足彦国押人命《あめのたりしひこくにおしひとのみこと》のことを通訳が間違ったのだろう。

なお、「阿輩雞彌と号す」とあるからといって、これを小野妹子の先祖でなく、当時の天皇の名前だとするのは、中国の史書の文言を過剰に信じているから起きる間違いだ。現代でもこの種の間違いは外交現場でもよくあることだ。

この第一回の遣隋使に、小野妹子が使節に加わったということはなさそうで、第二回のものとの混同もありそうだが、いずれにしても通訳か記録係が混同したのであろう。逆にいえば、中国の史書の信頼性はこの程度だということである。

六〇七年の第二回遣隋使で、阿毎多利思北孤が隋の第二代皇帝・煬帝《ようだい》に送ったのが、有名な「日出《ひい》ずる処《ところ》の天子、書を日没する処の天子に致す。恙《つつが》無しや」という手紙だが、煬帝は立腹し「蕃夷《ばんい》の書に無礼あらば、また以て聞するなかれ」（野蛮人の無礼な手紙は、今後私に見せるな）と命じたという。
これへの返書として煬帝が倭王に宛《あ》てた国書は、『日本書紀』によれば小野妹子が紛失したという。都合が悪いのでそういうことにしたのだろう。そして、この帰国の時には、隋の使者・裴世清《はいせいせい》が同行している。

このときに、裴世清が中国側の論理を抜き身で振りかざしていたら交渉はうまくいかなかっただろうが、あまり高圧的な態度は取らなかった。『日本書紀』がいうように、国書を持ち二度再拝して使いの旨を言上《ごんじょう》したなどというのも考えにくいが、摩擦を避けるためにある程度は我慢したのだろう。なにしろ、日本とうまくやることは隋の外交にとってきわめて重要な課題だったのだ。

これを受けて、第三回遣隋使が六〇八年（推古天皇一六年）に派遣されたが、そのときには、次のような国書を持っていった。

「東の天皇、敬《つつし》みて西の皇帝に白《もう》す。使人鴻臚寺《こうろじ》の掌客《しょうかく》裴世清等至りて、久しき憶《おも》ひ、方《みざかり》に解けぬ。季秋《このごろ》やうやくに冷し。尊《かしこどころ》、如何に。想うに清悆《おたひか》ならむ。此は即ち常の如し。いま大礼《たいらい》蘇因高《そいんこう》・大礼乎那利《をなり》等を遣して往でしむ。謹みて白す。具《つぶさ》ならず」

内容的には日本側のこれまでの立場を変えずに、隋にとっても受け入れ可能な、よく練られた外交文書だ。

隋の滅亡

そのころ、高句麗は周辺諸国が朝貢する中で、煬帝の入朝の要求に従わなかった。煬帝は高句麗が突厥と結ぶことをおそれ、大規模な高句麗遠征を強行した。

第一回の遠征（六一一）には、一一三万人を越える水陸の大軍が集められた。さらに輸送にあたる者二三〇万人が徴発され、軍の長さは一〇〇〇里にも達したといわれている。だが、陸軍は遼河（遼東半島の西の河）で高句麗軍の頑強な抵抗にあい、前に進めなかった。

水軍は陸軍の到着を待たずに高句麗の首都平壌から六〇里まで迫ったが、伏兵にあって大敗した。遅れて陸軍が平壌から三〇里まで迫ったので、高句麗は偽りの降伏をし、そして隋軍が退くところに襲いかかって大勝利を得た。このときの隋軍三〇万五〇〇〇のうち遼東まで逃げ帰った者はわずか二七〇〇人だけだったという。

翌年（六一二）には、第二回目の遠征が行われたが、遼河を渡ったところで楊玄感《ようげんかん》の反乱が起こったので、全軍が引き揚げた。第三回の遠征はその二年後（六一四）に行われ、高句麗がいちおう降伏したので、軍は遼東から引き揚げた。

ところが、高句麗遠征の不手際を機に、大土木事業や度重なる外征に徴発されて苦しんでいた農民が立ち上がり、各地で反乱が相次いだ。自暴自棄となった煬帝は江都に移り（六一六）、遊興にふける日々を送った。

そこで、六一七年、李淵《りえん》は反乱軍を率いて長安を陥れ、煬帝の孫を皇帝に擁立したのを受けて、煬帝は近衛軍の兵士に殺され隋は滅亡した（六一八年。推古二六）。こうして李淵は唐朝の初代皇帝となる。

遣唐使は先進文明吸収の装置

秦漢帝国の正統を継ぎ、華中の地に移ったことで温暖多湿な気候の影響を受けた南朝文化と、北方異民族の出身である隋唐のそれとは大きな違いがある。「和風」と「唐《とう》風」はその後も常に対比されるが、「和風」の多くは、じつは南朝文化を継承維持したものである。

たとえば、すでに紹介したが、和服と同じ合わせ襟の「呉服」は秦漢時代の服装で、隋唐以降の詰め襟と対峙《たいじ》するものだし、やわらかな呉音（たとえば「日」を「にち」と読む）は秦漢時代の発音で、固い漢音（「日」を「じつ」と読む）は隋唐の発音だといわれている。

南北の対比でいえば、主食の米は南方で麦は北方だし、日本酒とか紹興酒《しょうこうしゅ》というのも米を主原料とする醸造酒という意味で同じようなものだ。いまでも、紹興酒を北京ではあまり呑まないのだ。

隋が滅び、唐が建国されたのを受けて、六三〇年（舒明二）、舒明天皇は遣唐使を送ることとし、犬上御田鍬《いぬかみのみたすき》を遣唐大使として送り出した。

彼らがその二年後に帰国する際に、唐は高表仁《こうひょうじん》を使節として同行させたが、中国の史書によれば、日本の王子と礼について争い、皇帝の言葉を伝えないまま帰国してしまったという。

日本側は唐の使節を新羅からの使節などと同じく「神酒」を賜るなど蛮夷からの朝貢使節として扱ったため、これに反発したのだろうが、隋の時代の裴世清のように長安での論理と海外での現実の違いに対して柔軟な態度が取れなかったのだろう。

そののち、日本と唐との関係は朝鮮半島をめぐって緊張し、遣唐使には実際的な外交交渉の役割が担わされた。そして、七〇二年に則天武后のもとへ派遣された第八回の遣唐使からは、唐の全盛期であることを反映して、日本側も長安では朝貢使として素直な態度を取ったようだ。

だが、光仁天皇《こうにんてんのう》（第四九代。七〇九〜七八一）の宝亀八年（七七七）、第一六回遣唐使に唐の皇帝・代宗《だいそう》が唐の使節をついてこさせたのである。この扱いに日本側は困り果て、そのこともあって、遣唐使の派遣の回数も減るのだが、それはまたあとで紹介しよう。

この時代の遣唐使は、外交使節というよりは、進んだ唐の文明を吸収するための装置であった。かつて百済経由でもたらされたものとは比べものにならない高レベルで大量の情報や文物が日本にもたらされた。

明治初年でもそうだが、国家事業として行われる外国からの文明導入事業は、私的に行われるそれと違い、より総合的であり、相手国のトップレベルのものを確実に輸入することが可能になるのである。

第七章

「聖徳太子架空説」と「天武朝の過大評価」を嗤う

藤原家系図（鎌足～平安末期）

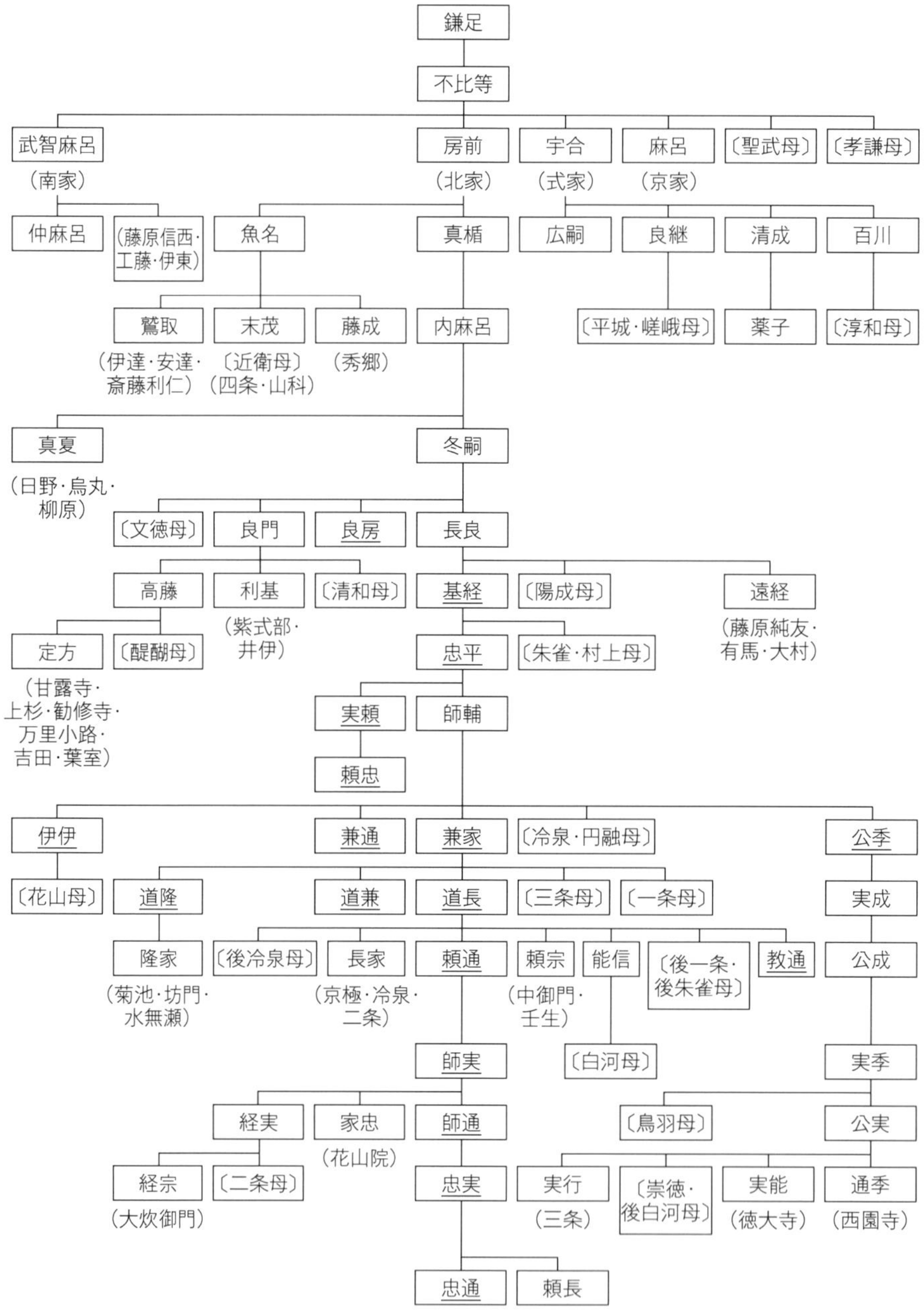

下線は摂政・関白、（　）内は家、〔　〕内は皇母を表す。

❗「天皇」と「日本」の始まりは天武天皇の発明か

ウソ 天皇という称号は天武天皇のころ突然に使われ出した

本当 「治天下大王」という言い方の漢語的表現として徐々に定着した

「天皇」という呼称がいつから使われ始めたかの記録はないが、天武天皇の時代のものと見られる木簡でその使用が確認できる。ただし、推古天皇の時に使われたという説も含めてそれ以前に使われたことがないともいえない。制度的に確立したのは持統《じとう》天皇の時代らしい。

だが、第二一代の雄略天皇のころから「治天下大王（あめのしたしろしめすおおきみ）」という言い方はされており、天皇というのも、それの漢語的表現としてこのころ確立したというのが正しいだろう。この天皇とほぼ同じ時期に「日本」という国号も確立したようだ。

そもそも、天武天皇のころ以前には、対内的には自分の国の名前など必要としなかったのである。

大王の称号をどう表現するかもどうでもよかったのだが、外交上、どう呼ばれるかが関心事となり、国内法的にも慣習法から成文法に移行するにあたって、君主の称号とか国名が必要になったのであろう。

そのとき、太陽神の子孫だから「天皇」、その国の名を「日本」とするのは、ある日、突然に決められたのでないと思う。むしろ、さまざまな呼び方が現れていたものを、利害得失について試行錯誤したなかで、自然とこうした名に収斂《しゅうれん》していったのであるまいか。そうでなければ、『日本書紀』などに、いつ誰が決めたのか、その経緯ぐらいは書かれてあるはずだ。

天武天皇と藤原不比等は過大評価?

そのことも含めて、近年流行している、天武天皇や藤原不比等に、律令国家建設という事業を実現した特別の存在としての役割を認める論議には、賛成できない。彼らが改革の集大成をしたのは事実だが、天智天皇や藤原鎌足《ふじわらのかまたり》（六一四～六六九）のような革命の担い手であったわけではないのだ。

壬申《じんしん》の乱（六七二）の翌年、天武天皇が即位するが、そののちに、「大王は神にしませば」という歌が謡われるようになる。これも天武天皇が偉大だというので突然に生まれた発想でもあるまい。

皇室や藤原摂関家の歴史にあっても、天武天皇と不比等が特別の存在として扱われたこともない。奈良時代の天皇について書く時に論じるが、第四〇代・天武天皇は第三八代・天智天皇の正当な後継者だという位置づけであって、天智朝から天武朝に代わったという意識が天武朝の天皇たち自身にあったようには見えないのだ。

天武天皇とは血縁関係がない第五〇代の桓武《かんむ》天皇（七三七〜八〇六）になってから天智直系を意識したのは事実だが、それは別の話であって、奈良時代の帝王たちが天智朝に対する天武朝という意識を持ったことなどないのである。

いずれにしても、天武天皇をもって初代の天皇であるといわんばかりのいい方は、白いキャンバスに妄想を表現したものでしかない。

国名の起源について

ここで国名の呼び方について少し触れておきたい。中国のことを「チャイナ」（支《し》那《な》）といったりするが、「チャイナ」と「中国」の差は「ジャパン」と「日本」のそれとは根本的に違う。「ジャパン」は「日本」が中国語やポルトガル語を通じて伝わっていく過程で変化していったものだが、チャイナと中国は根本的に別物だ。「チャイナ」はむしろ「倭」という呼び方とおなじように外国人によって与えられた名である。「中国」（発音は「チョンクオ」）という呼び方は新しいものであり、漢字世界を越えた世界的認知はいまだ得ていないものだ。

ところで「倭」の語源については、はっきりしたところは不明だ。いちおう日本語起源での説明としては、「我が国」と日本人がいったのを、中国側の言葉に当てはめたという説が平安時代からある。北畠親房の『神皇正統記』でもそれを支持していてかなり説得力もあるが、あくまで推量でしかない。

また、「倭」という字に本来、軽蔑《けいべつ》の意味があるかどうかも諸説あってなんともいえない。ただ、日本人は「倭」を「ヤマト」と読んでいたのであって、「わ」と読んでいたのではなさそうだ。六世紀には日本人は「ヤマト」と自称し、外国人は「倭国」と呼んでいたのだろう。そこで、日本側は太陽が昇る方角にあるというので「日の本」ということを希望し、中国側もそれを受け入れたらしい。

中国の史書には、「日本」を中国から与えた国号だとしているものもあるが、それは追認したという意味であろう。

このように、国の名前など結構いい加減な経緯でネーミングされている。たとえば、中華人民共和国の「人民共和国」は、「ピープルズ・リパブリック」という社会主義国家を意味する英語の翻訳だが、この漢語はなんと日本製である。「人民」は日本で伝統的に使われていた言葉を「ピープル」の訳にしたものだし、「共和国」に至っては、「リパブリック」の翻訳をするにあたって、仙台藩の儒者が、「周《しゅう》の時代に王が不在となったので、臣下が共和して政治を行った」と史書にあるのにヒントを得て使ったものなのである。

名前の起源などあまり熱くなるほどのことではないのである。

❗聖徳太子架空説は太子が蘇我系であることを無視した空論

ウソ　蘇我氏を滅ぼした天智・天武が馬子の功績を聖徳太子のものにした

本当　天智・天武は用明系の聖徳太子と対立した敏達系で持ち上げる動機がない

聖徳太子（五七四〜六二二）架空説（厩戸皇子はいたが後世伝えられるような特別の存在ではなかったという考え方）というのがある。つまり、本当は蘇我馬子（?〜

六二六）の業績だったものを、大化の改新で蘇我氏を滅ぼした天智・天武天皇らが聖徳太子の仕事だったように歴史を改ざんしたなどというものである。

だが、これはまったくおかしい。宣化天皇（第二八代）の皇女と欽明天皇（第二九代）とを両親とする敏達天皇の系統が皇統を継いでいくのが順当なのに、蘇我氏出身の母を持つ用明天皇（第三一代）や推古天皇（第三三代）が皇位につき、さらに、用明天皇の皇子である聖徳太子に引き継がれる予定だったのである。

ところが、あとで書くような事情で、天智・天武両帝のような敏達天皇の系統に皇統は移ったのである。つまり、天智・天武朝では聖徳太子は蘇我馬子にかつがれたかつての仇敵《きゅうてき》だったはずで、歴史を改ざんしてまで太子を誉め讃える理由がないのである。

推古天皇、蘇我馬子、聖徳太子（厩戸皇子）はそれぞれの持ち味を生かした、なかなかよくできたトロイカ体制をかたちづくっていた。しかし、そのなかで、聖徳太子には早過ぎる死とか、その遺族の悲劇とかいったことを別にしても、特別に敬愛されるべき何かがあったのだろう。その意味で「聖徳太子は実在だ」といっても間違いはなかろう。

もちろん、蘇我馬子など他人の功績の一部が聖徳太子に帰せられたことはある程度あったかもしれない。だが、それは、太子を敬愛する非常に高い世評があってこそのことだろう。一七条憲法の意義が、のちの世になって高まったということもあろう。

余談だが、昭和天皇は現在の日本国憲法すら、一七条憲法、五箇条の御誓文、大日本国憲法の系譜に位置づけられるものとすら捉えられていたのである。

太子はなぜ天皇になれなかったか

大化の改新（六四五）以前には譲位という習慣がなかったので、長寿だった推古天皇が三六年も在位し、その間に甥である聖徳太子は先に死んでしまう。さらに、推古天皇と敏達天皇の間の子で、聖徳太子の次に皇位につく最有力候補だった竹田皇子《たけだのみこ》がいたが、この皇子は物部守屋が滅びた騒動を最後に、足跡が消えてしまっている。成人せずに若死にしたとみられる。

推古天皇は遺言で竹田皇子の陵墓に葬られた。亡き子への愛情の深さと、その子に皇位を伝えられなかったことの無念が涙を誘う。

この推古天皇の長寿がゆえに、聖徳太子や竹田皇子といった欽明天皇の孫世代をスキップして、推古の後継は曾孫世代から選ぶしかなかった。蘇我氏と縁が深いのは聖徳太子の子である山背大兄王《やましろのおおえのおう》（?〜六四三）だから、蘇我氏は本来は彼を推すはずなのだが、山背大兄王は傲慢《ごうまん》で人望に欠けていたらしい。敏達系の反発を考えると無理はできなかったのだろう。

そこで、あの皇位につけなかった押坂彦人大兄皇子（敏達天皇の第一皇子）の子である田村皇子《たむらのみこ》が浮上した。推古天皇は自身が蘇我氏の血を引くとはいえ、亡夫である敏達の血統からという気持ちもあっただろう。それに、田村皇子は蘇我馬子の娘（法提郎女《ほほてのいらつめ》）を妃の一人とし、すでに、長子として古人大兄皇子《ふるひとのおおえのみこ》が生まれていた。そんなことから蘇我馬子の子・蘇我蝦夷《そがのえみし》は、推古天皇の「あなたは、まだ若いのだから、心に望むことがあっても口に出さず人々の言うことに従うよう」という山背大兄王の未熟さを指摘した曖昧な遺言を根拠に、田村皇子に即位させた。第三四代・舒明天皇（五九三〜六四一）である。

このとき舒明天皇はすでに三七歳だったから、早くからその後継争いが激化した。舒明天皇の長子である古人大兄皇子、舒明・皇極《こうぎょく》両帝の子である中大兄皇子《なかのおおえのおうじ》、さらに、山背大兄王も残っていた。

蘇我蝦夷としては古人大兄皇子にしたかったが、若すぎることもあり、慎重を期するために、つなぎとして、敏達天皇の曾孫、押坂彦人大兄皇子の孫である舒明天皇の皇后宝皇女《たからのひめみこ》を皇極天皇（五九四〜六六一）として即位させた。

そして、蘇我氏では蝦夷の子である入鹿《いるか》（?〜六四五）が父に代わって実権を握っていたが、入鹿は次に古人大兄皇子を即位させるにあたっての邪魔者である山背大兄王を討ったのである。

このとき、山背大兄王は一族何十人も道連れに自殺したが、このように、一族もろとも滅びてしまうということは、当時としては珍しかった。このことは、山背大兄王の身勝手な行為でもあったのだが、さすがにひどく周囲の同情を買い、一方で入鹿への激しい反発を招いて蝦夷も入鹿の浅はかな行動を嘆いたといわれる。

しかも入鹿は甘樫丘《あまかしのおか》に邸宅を築き「宮門《みかど》」と呼ばせたり、自分の子供を皇子と呼ばせ、反発が強まってきた。

こうなると、ほかの豪族たちはもちろん、蘇我氏内部でも不安が募ってきた。しかも、皇極天皇も先妻（蘇我馬子の娘）の子である古人大兄皇子より実子である中大兄皇子を即位させたくなってきたのだろう。

中大兄皇子による板蓋宮《いたぶきのみや》（皇極天皇の皇居。奈良県明日香村）での蘇我入鹿暗殺事件（六四五年）は、この入鹿による乱暴な反対派排除と増長ぶりに反対する諸勢力の支持を当てにして決行されたものだ。世にいう大化の改新の始まりである。

蘇我一族も入鹿暗殺を支持していた

中大兄皇子（母は皇極天皇）らによる入鹿暗殺ののち、父の蝦夷がさしたる抵抗もなく自殺し、古人大兄皇子もしばらくして死に追い込まれた。だが、新政府のなかでは蘇我石川麻呂《いしかわのまろ》とその弟の蘇我赤兄《あかえ》が中心的な地位を占めたのだから、クーデターは蘇我一族も含めて広範な支持を得ていたことが分かる。

蘇我入鹿殺害のあと、「皇極天皇は中大兄皇子に譲位しようとしたが、中大兄は辞退して軽皇子《かるのみこ》（孝徳《こうとく》天皇）を推した。軽皇子は三度辞退して古人大兄皇子を推したが、古人大兄は辞退し出家した」と『日本書紀』は記す。

古人大兄皇子への勧めは形式的なもの以上ではあるまい。またクーデターの実行犯である中大兄皇子が登極《とうきょく》するのは少し生々し過ぎた。そもそも、若すぎた。ずっと古い時代のことは不確かだが、欽明天皇以降では、欽明の三一歳が最も若く、敏達が三五歳、用明、崇峻は不明だが、推古以降はいずれも四〇歳を越えていたから、当時二〇歳の中大兄皇子では飛躍しすぎていた。

また、入鹿殺害では刺客が躊躇したので皇子自らが手を下したとされている。これは予定外の展開だったが、さすがに、すぐに天皇になるのには差し障りがあった。

こうして皇極天皇が譲位して誕生した第三六代・孝徳天皇（五九六～六五四）は皇極天皇（斉明天皇）の同母弟で、中大兄皇子にとっては叔父にあたる。皇后は、中大兄皇子と同母姉妹の間人《はしひと》皇女である。

難波長柄豊碕宮《なにわながらのとよさきのみや》（大阪市中央区）を宮としたが、六五三年、中大兄皇子は倭京《わきょう》（飛鳥）への還都を提案。孝徳天皇がこれを拒否したにもかかわらず、上皇やなんと孝徳天皇の皇后ともども出発し、六五四年、失意のなかで天皇は崩御した。

中大兄皇子が即位しなかったのは若すぎただけ

こののち、中大兄皇子がなお即位できなかったのは、孝徳天皇を強引な政局運営で死に追いやったことへの反発が強かったこともあろうし、それに孝徳天皇が亡くなった時点でも中大兄皇子はまだ二九歳だったから、即位するには、やや異例の若さであった。

　そこで、皇極天皇が、六五五年、重祚《ちょうそ》（天皇が退位したのち再び位につくこと）して第三七代・斉明天皇となった。皇極天皇の譲位も、神武天皇に始まる皇室の歴史で初めてのものだったし、斉明天皇としての重祚も前例のない出来事であった。そういう意味でも大化の改新は大革命だったのだ。

　こうした流れを中大兄皇子や藤原鎌足が強力な主導権をとったものと見ることは必ずしも正しくない。少なくとも、孝徳天皇にしても皇極上皇にしても、若い中大兄皇子のロボットではなかった。また、豪族たちも一筋縄ではいかない存在だった。

　難波長柄豊碕宮からの退去のときも、孝徳天皇は中大兄皇子らが倭京に戻っても従わないでなお留まったのである。斉明（皇極）天皇は盛んに宮殿をつくったり派手な儀式空間を創る工事を繰り返した。また、外国の使節を豪華に接待し、朝鮮半島では強気の外交を展開し、東北の制圧も進めたが、これらは、中大兄皇子らの意向を受け入れた以上に、派手好きな斉明天皇自身の意向だったとみるべきだろう。

　こうしたなかで、孝徳天皇の子である有間皇子《ありまのみこ》は、斉明天皇に牟婁《むろ》の湯（白浜温泉）に行くよう勧め、行幸させた。その留守中に、蘇我赤兄が近づいてきて女帝の公共事業への批判を口にしたところ、有間皇子はこれに心を許して、自らの反乱の意志を語ってしまう。

だが、赤兄が驚いたのか、もともと罠《わな》だったかはともかく、この件は密告され、有間皇子は紀伊藤白坂で「磐代《いわしろ》の 浜松が枝《え》を 引き結び ま幸《さき》くあらば また還《かえ》り見む」という辞世の歌を残し、絞首刑に処された。どちらがしかけたかは分からないが、有間皇子と中大兄皇子の対立はいずれ不可避だっただろう。

こうして見てくると、皇位継承のためには、それなりに広範な支持が必要で、蘇我氏にしても、中大兄皇子にしても、強引な権力の行使はなかなか容易ではなかったことがうかがえる。また、無理をすれば周囲の反発が拡がって、結局ことがうまくいかなくなるということだったようだ。

古代史の登場人物たちの年齢や本人の資質などをきちんと分析し、当時も今につながる一般的な常識が存在したのではという目で見れば、だいたい納得のいく皇位継承が続いており、ここでもそれほどの謎などどこにあるのかと思うのだ。

❗大化の改新の歴史的意義は疑う余地がない

ウソ 天武天皇こそ律令国家を確立した偉大な大帝だった

本当 皇室の歴史で重んじられたのは天智天皇である

『百人一首』の最初の歌は「秋の田のかりほの庵《いお》の苫《とま》をあらみ我が衣手《ころもで》は露にぬれつつ」という天智天皇（第三八代。六二六〜六七一）の御製である。その縁で一月四日から五日にかけて「百人一首かるた祭」が、天智天皇を祀る近江神宮（滋賀県大津市）で行われる。

鎌倉時代の藤原定家《ふじわらのていか》（一一六二〜一二四一）が、この歌集の冒頭に御製を置いたことにも、「大帝」として中世の人にまで意識されていたことの証しといえる。

「大化の改新」についても、聖徳太子の業績と同じように、過大評価だとか、そんなものはなかったといわんばかりの説がある。たとえば、『日本書紀』に掲載されている「改新の詔《みことのり》」については、「郡評」論争というのがあって、当時は「評」と呼んでいたものが「郡《こおり》」という後世の呼び名で書かれていることなどをもって、その実在を問う根拠になっている。

たしかに、「詔」の原文は完全な形で残っていなかったようだが、それだけで、偽物とか架空とか決めつけるのはやはり行きすぎであろう。いずれにせよ、このクーデターは史上初めての天皇譲位のきっかけになったほどの大事件だったし、律令国家樹立へ向けて「公地公民制」「国郡制度」「班田収授《はんでんしゅうじゅ》の法」「租《そ》・庸《よう》・調《ちょう》の税制」、さらには官位官職制度などの整備がこれを機に進んだのは事実であって、「詔」があったかどうかとか、元はどんな文章だったかは、この改新の意義を論じるにおいてたいした問題ではない。

律令国家建設の最大功労者はやっぱり天智天皇

六六一年、斉明天皇が筑紫の朝倉宮で六八歳で崩御したのち、皇太子であった中大兄皇子は即位することなく皇太子として政務の実際を指揮した。これを「称制《しょうせい》」という。

そして、この間に半島への出兵と白村江の敗戦（六六三年）があり、その結果、日本は唐による侵攻を本気で心配しなくてはならなくなる。堅固な防御が施された前線の副都として大宰府《だざいふ》が整備され、要塞群が西日本各地に築かれた。そして、西からの攻撃に強い近江の大津に都が移され、満を持して登極した天智天皇の宮になった。『藤氏家伝《とうしかでん》』と『弘仁格式《こうにんきゃくしき》』によれば、ここで、「近江令」が最初の律令法典としてまとめられたとあるが、『日本書紀』には記述がないことから、これも真偽について論争がある。だが、まとめられたとしても不完全なものだっただろうし、存在しなかったとしても、律令体制の構築は着々と進められていたのである。

とくに、庚午年籍《こうごねんじゃく》（六七〇年）の策定は、のちの太閤《たいこう》検地に匹敵する日本行政史の大事件であった。そうしたことも含めて、日本最初の法令集が、持統天皇が施行した飛鳥浄御原令《あすかきよみはらりょう》（六八九年）だったとしても、天智天皇が律令国家創設の最大功労者であったことに傷がつくものではなかろう。

藤原鎌足は鹿島(茨城県)出身ではない

藤原鎌足（中臣鎌足《なかとみのかまたり》）については、『日本書紀』の記述では、中大兄皇子のブレーンとして重要な役割を果たしたことになっているが、皇子にクーデターを進言した以外は、それ以降の展開にあって彼自身が具体的にどんな役割を果たしたか、どのような意見を持っていたか、あまりよく分かっていない。

また、生まれについては、孫である藤原仲麻呂《ふじわらのなかまろ》の書いた『藤原氏家伝』には、のちの藤原京付近とある。藤原京は藤原氏に敬意を表して名付けられたのではなく、その地名が賜姓《しせい》のときに採用されたという。臨終に際して、天智天皇から藤原姓を賜り、中臣鎌足から藤原鎌足になったというわけだが、平安時代後期に成立した藤原氏の栄華を描いた私的な史書『大鏡《おおかがみ》』には、鎌足は常陸《ひたち》の鹿島《かしま》出身だとある。

だがこれは、鹿島神宮が中臣《なかとみ》氏となんらかのつながりがあり、その権威を高めるために創り上げた伝説を、『大鏡』の作者が採用したとみるのが妥当だろう。

これまでも何度か述べてきたが、各地の神社が記紀などに登場する人物との縁を創作し、それが後世の史書などに反映されることは、神武東征伝説の誕生の例をはじめ、各地でしばしば見られることで、これらは「有力な異説」という以上には扱うべきではないと思う。

可能性がまったくないとはいわないが、こうした「もしかして」という程度の話をムキになって「間違いない！　記紀は嘘を書いている！」と主張する人がいるから、古代史は謎だらけのおどろおどろしい世界になってしまうのだ。

死の直前に大織冠《だいしょくかん》、内大臣《ないだいじん》、藤原の姓を天智天皇から授かったことについても、これが、果たして「最高位」なのかといわれれば、たしかに大織冠という官位は鎌足以外に例はないが、官職についていえば、鎌足が死んですぐあとに蘇我赤兄が左大臣、中臣氏の長として鎌足の跡を継いだ従兄弟の中臣金《なかとみのかね》が右大臣になっているのだから、異例中の異例というわけでもなく、「その程度のこと」として理解すべきであろう。

大友皇子と大海人皇子が激突

この天智天皇の跡継ぎは弟の大海人皇子《おおあまのみこ》とみられていた。天智天皇が皇女を何人もこの弟の妃としていることでも確かであろう。

これは、天智天皇の皇子のなかに皇位継承の有力候補がなかったというだけだ。皇后（正室）は、謀反の罪で中大兄皇子に攻め殺された古人大兄皇子の遺児である倭姫《やまとのひめ》だが、二人の間に子供はなかった。側室の子供はいたが、彼らは母親の出自がいまひとつで皇位継承者にふさわしくないとみられていたのである。

しかし、大帝であった天智天皇は、伊賀宅子娘《いがのやかこのいらつめ》に生ませた大友皇子《おおとものみこ》がことのほか有能だったことから、徐々に皇子への期待を高めていった。

現代風にいえば、社長に嫡出子がいないので、副社長になっている弟が次期社長だとみんな思っていたが、社長が妾《めかけ》に生ませた庶子が存外に出来がいいので、社長はこれを専務にして、なんとか次期社長にできないかという気になったのである。

そんなとき、大海人皇子が饗宴で酩酊《めいてい》して槍を天皇の前に突き立てるという狼藉《ろうぜき》を働いたので、天皇はいったん死を命じたが、中臣鎌足の取りなしで許された。だが、翌年には鎌足が狩猟の途中での落馬が原因で死んでしまう。天智天皇は頼りのブレーンを失ったような状態になった。

六七一年、天智天皇が大友皇子を新たにつくられた太政大臣に任命するなど、次第に大海人皇子包囲網が敷かれていく。こうした状況を見て、大海人皇子は自ら仏門に入るとして、髪の毛を切り落とし、病床にあった天皇の許しを得て都をあとにし吉野に向かった。このとき、宇治まで見送りに行った舎人《とねり》の一人は、「虎に翼を与えて離すようなもの」と不吉な予言をした。天皇はこの年に崩御する。

そして六七二年、ついに天皇の弟の大海人皇子と息子の大友皇子が激突する。壬申《じんしん》の乱である。左右の大臣をはじめとする政府高官のほとんどは大友皇子の近江方にあったが、大海人皇子は東国などから幅広い支持を得た。一方、西国の部隊は大宰府にあった栗隈王《くりくまのおおきみ》などが近江方から救援を要請されたが、外国からの脅威があるので動けなかった。

内戦は大海人皇子側の勝利に終わる。大海人皇子が不満分子の糾合に成功したともいえるが、それ以上に、律令体制といっても未熟であり、とくに、国軍も対外防衛のために構想されたものだから、内戦で政府を守るためには十分に機能しなかったのではないか。そのあたり、律令国家の全盛期における藤原仲麻呂《なかまろ》の乱のころの見事な体制の機能ぶりとは大違いなのである。

天武天皇より恐ろしい独裁者だった持統女帝

六七三年、大海人皇子は即位して、第四〇代・天武天皇（?〜六八六）となる。ただ、旧政権の高官たちはほとんど近江方にあったので、新政権の中枢は天武天皇自身の皇子など皇族中心の体制で乗り切ることになった。このような政治形態を「皇親《こうしん》政治」と呼ぶ。

その皇族というのは、天智系を排除したものではなかった。天智天皇の皇女のうち大田皇女《おおたのひめみこ》、鸕野讃良皇女《うののさららのひめみこ》（第四一代・持統天皇）、大江皇女《おおえのひめみこ》は天武天皇の妻となっていたし、皇子たちでも大友皇子以外の施基《しき》、川島《かわしま》両皇子は生き残っている。

右の三人の妻のなかで、本来は姉の大田皇女が皇后になるはずだったが、壬申の乱のときにはすでに死んでいたので、妹の鸕野讃良皇女が皇后となった。『天上の虹 持統天皇物語』(里中満智子)という長編漫画で若い女性にも人気の女帝である。

皇后は、即位後に天武天皇とともに、草壁、大津《おおつ》、高市《たけち》、川島、忍壁《おさかべ》、施基という六人の皇子(川島、施基は天智の皇子)を引き連れ吉野宮に行幸し、「草壁皇子を次期天皇とする」「母はそれぞれ違っていても天皇の言葉に従い互いに助け合い、争いはしない。もしこの誓いに背くことがあれば命はなく、子孫も絶えるであろう」と誓わせている(六七九年)。世にいう「吉野の盟約」である。いうまでもなく、草壁皇子こそ、腹を痛めた皇后ただ一人の息子であった。ちなみに、持統天皇は、在位中になんと三一回も吉野宮に行幸している。吉野宮は祖母であり育ての親ともいえる皇極(斉明)天皇が造営したところで、若い日々の思い出の場所であるとともに、壬申の乱に先立ち、大津京から逃亡した天武天皇とともに隠棲し、決起した地でもある。

ところが、そののち、皇太子となっていた草壁皇子を即位させずに、皇后による「称制」を続けた。やがて草壁皇子が死去し、三年後に自らが即位した。その間の事情については、小説家も含めてさまざまな見方があるが、おそらく、草壁皇子はあまり頑健でなかったことに加え、有能でもなかったのであろう。

当時の天皇はお飾りでない。文字通り最高権力者だった。はたして、草壁皇子につとまるか確信が持てなかったのか、それともすでに皇子が健康を害していたのかもしれないが、真相は、たんに持統天皇自身が祖母に倣って自分が天皇になりたかったということではないか。このころの女帝たちは男たちより元気なのだ。

天武天皇が崩御したときのことだが、皇后は実姉の大田皇女の遺児で、太政大臣だった大津皇子を謀反を理由に死に追い込んでいる。

草壁のライバルになりかねず、そうでなくとも、ひ弱な草壁が早死にしたときに孫を差し置いて帝位につく可能性がある大津皇子は、皇后にとって脅威だっただろう。

持統天皇のもとでは、高市皇子が太政大臣として政権を補佐した。皇子は天武天皇の長子だが、母が九州の宗像《むなかた》一族で皇族ではなかったので皇位は継げなかった。だが、壬申の乱で司令官として大功をあげるなど有能な人物だった。次に紹介する藤原不比等死後に政権を担う長屋王《ながやおう》の父である。

❗藤原不比等を律令国家の建設者として過大評価すべきでない

ウソ 不比等の功績が大きかったので光明子は皇后になった

本当 光明皇后は母橘三千代の力と本人の抜群の能力で実現した

日本国家の枠組みを完成した立役者として藤原不比等（六五九～七二〇）というスーパーマンにスポットを当てようという議論が、戦後になってもてはやされている。

持統から聖武《しょうむ》に至る皇位継承の路線を敷き、大宝律令を制定し、平城京を建都し、『日本書紀』を政治的な意図を持った内容で書かせ、娘の光明子《こうみょうし》を皇后に押し上げ、藤原氏の隆盛の基礎を固めたのが、すべて彼の企みによるというのだから、それが本当ならたいへんなスーパーマンである。

こうした評価が妥当かどうかを検証するために、まずは、このころの皇位継承がどのように展開したかを俯瞰《ふかん》し、ついで、不比等の経歴と照らし合わせてみよう。

女帝が二代続いた理由

天智天皇と持統天皇のひとり息子である草壁皇子が死んだあとに残されたのが、わずか七歳の軽皇子であった。持統天皇はこの孫が一五歳になったときに立太子《りったいし》（正式に皇太子にすること）し、その年のうちに譲位した。持統が太上天皇《だじょうてんのう》（上皇）として後見役につくなど異例ずくめの即位だった（六九七年）。

この文武《もんむ》天皇（六八三〜七〇七）のもとで大宝律令が制定され（七〇一年）、官僚制度も整備されたが、これも天皇が若年でしかも健康にも優れなかったため、必要に迫られてのことだった。なにしろ、それまでの天皇はすべて成人で能力も高く、官僚の力を借りるまでもなく、また操られるロボットでもなかった。

文武天皇は一九歳のときに藤原不比等の娘・藤原宮子《みやこ》とのあいだに首皇子《おびとのみこ》（聖武天皇）をなすが（七〇一年）、病に倒れ、母である阿陪皇女《あへのひめみこ》に譲位を申し出た。そのときはとりあえず制止されたが、二五歳で崩御したので、阿陪皇女が第四三代・元明《げんめい》天皇（六六一〜七二一）として即位した（七〇七年）。

元明天皇は天智天皇の皇女で、母は蘇我石川麻呂《そがのいしかわのまろ》の娘・姪媛といって、持統天皇の母と姉妹である。平城遷都（七一〇年）を行った女帝である。

普通なら次は文武天皇の一人息子で元明の孫である首皇子（聖武天皇）である。だが、皇子の母親である藤原宮子の出自が皇族出身でなく不比等の娘であり、しかも、出産後に精神を病んで、皇子との対面すらさせてもらえない状態だった。元明天皇が太上天皇として後見できる間はよいが、その死後は、宮子は将来の後見役にはなれそうもなかった（ただし、のちに唐から帰国した僧・玄昉《げんぼう》の祈禱で治癒し、三六年ぶりに我が子である聖武天皇に対面している）。

となれば、あまたいる天智・天武の皇子や二世王たちからどんな動きが出るやもしれない。

そこで、元明女帝は、譲位の際の詔で「慈悲深く落ち着いた人柄であり、あでやかで美しい」と評した、できのいい娘である元正《げんしょう》天皇（つまり首皇子の叔母）にいったん位を譲り、将来において弟が即位したときに元正が太上天皇として後見できるようにという手の込んだ人事を断行した。これが、女帝が二代続くという異例の皇位継承の理由だった（七一五年）。

長屋王の変と光明皇后の誕生

こうしたなかで藤原不比等が死んだので、元正天皇は高市皇子と元明天皇の同母妹の子である長屋王（六八四〜七二九）を政権の要とした（七二〇年）。『日本書紀』が完成したのも、不比等が死んだこの年である。

こうして、母の期待にしっかり応えた元正天皇は在位九年にして甥である皇太子（聖武天皇）に譲位し（七二四年）、退位の詔で「我が子」と呼び、退位後も強い発言力を確保した。

聖武天皇の后のひとりだった藤原不比等の娘である光明子は、聖武天皇が皇太子時代にすでに安倍内親王《あべのないしんのう》（のちの孝謙《こうけん》天皇。史上六人目の女帝）を儲《もう》けていたが（七一八年）、夫の即位から四年目に基皇子《もといのみこ》を生んだので（七二七年）、すぐに立太子したのだが、基皇子は翌年九月には死んでしまった。

この翌年に、長屋王が謀反の疑いをかけられ、妃の吉備内親王（文武・元正の同母姉妹）とともに自殺するという事件が起きた（七二九年。長屋王の変）。

その年のうちに、光明子は民間出身にもかかわらず皇后となり、不比等の子供たちである藤原四兄弟が政権の中枢に上がってくる。だが、彼らはこのころ新羅から伝わったといわれる疱瘡《とうそう》のために四人とも死んでしまい、政権をとったのは光明皇后の異父兄である橘 諸兄《たちばなのもろえ》（六八四〜七五七）だった（七三七年）。

不比等の出世は妻橘三千代のおかげ

さて、こうした皇位継承と諸施策を仕切ったのが、ほかならぬ藤原不比等だったという説を唱える人がいるわけだが、これは、いろんなところで破綻が生じる無理な考え方だ。

不比等は藤原鎌足の子である。天智天皇の御落胤《ごらくいん》という説もあるが、摂関政治を正当化するために平安時代になって創作されたお話の可能性が高い。御落胤であったらしいのは、兄で出家し唐に留学した定恵《じょうえ》のほうだ。

壬申の乱の時には、不比等は近江朝側にいたようだが、まだ一四歳だったので処罰の対象にはならなかった。しかし、下級官吏としてキャリアを始めなければならず、出世は順調でもなかったが、文武天皇の即位のときに持統天皇を助けて運が向き始めた。

この不比等が急速にのし上がったのは、県犬養三千代《あがたいぬかいのみちよ》（のちの橘三千代）という怪女と結婚してからである。法隆寺にある国宝玉虫厨子《たまむしのずし》の持ち主で、聖徳太子信仰を確立した功労者だといわれている。

県犬養三千代は美努王《みぬ》という皇族と結婚し葛城王《かつらぎ》（のちの橘諸兄）を生んだが、のち文武天皇の乳母となり、これを梃子《てこ》に宮廷の大実力者となった。夫の美努王が大宰帥《だざいのそち》として赴任したとき宮廷に留まったので、離婚したような形となり、中堅官僚だった不比等と結ばれたらしい。

三千代は不比等と先妻の娘だった宮子を文武天皇のもとに入内《じゅだい》させ、宮子は聖武天皇を生む。この同じ年に、三千代は不比等とのあいだに高齢出産で光明子を得て、これをのちに聖武天皇のもとに入内させた。だが、入内させるだけならたいした話ではない。

この光明子が皇后になったのは、不比等が死んだあとである。そして、三千代は、実子である橘諸兄や継子である藤原四兄弟の権力掌握に力を貸した。

こうした時間的経過を見れば、不比等は宮廷の大実力者だった三千代の夫であるがゆえに出世したと見るべきだし、光明子の立后にしても、藤原四兄弟や諸兄の出世も、むしろ三千代の役割の方が重要であろう。長屋王の排除は対立する藤原氏の陰謀のようにいわれるが、不比等と長屋王との関係は良好で次女（ただし母は三千代でない）を嫁がせているくらいだ。

長屋王の失脚は、あまりに権勢が強くなりすぎて四方から総スカンをくっていたことが最大の原因であり、そこに、聖武天皇のあとの阿倍内親王（孝謙《こうけん》天皇）の即位を視野に入れたときに、長屋王と吉備内親王との間の王子たちが競争相手となるのを嫌った阿倍内親王の父母、すなわち聖武《しょうむ》天皇、光明子らの意志が反映されて排除したものだろう。その首謀者は三千代である可能性が強く、不比等はすでに死んでいるのだから関係ない。

「プロジェクトX史観」の典型

そして、不比等の仕事と指摘されている諸事業についても、その時代に政府高官だったという以上に、個別に中心的な役割をしたとうかがわせる材料は皆無である。

たとえば、『日本書紀』の内容にしても、大化の改新における藤原鎌足の役割をやや過剰に紹介しているのではという程度以上には、特別に藤原氏に有利な政治的配慮がなされているとは言い切れない。実際に実力者であった不比等や藤原宮子たちに少し配慮したという程度だ。

さらに、これから見ていくように、藤原氏の政権独占が確立するのは、不比等が死んで一〇〇年以上もたった藤原良房《よしふさ》（八〇四～八七二）の時なのである。

こうして見てくると、藤原不比等がスーパーマン的な特別の存在であったというのは、過大評価というよりもこじつけに等しいと思われる。すでに書いたように、のちの藤原氏の歴史のなかでも、とりわけ重視されてきたとも思えないのだ。

私はこれこそ典型的な「プロジェクトX史観」、つまり、ある出来事を評価する際に、どちらかというと裏方の有名でない一人の人物の功績に帰してしまうという馬鹿げた試みだと思っている。この時代の主役はやはり天皇たちなのである。補佐役的な人物を過大視し、あたかも、その人がすべてを仕切ったような描き方はドラマなどではよくあることだ。たとえば、豊臣秀吉の「知恵」はすべて石田三成のものにするというようなやり方だ。

だが、それは、さまざまなブレーンたちの仕事を一人に集約した方が視聴者に分かりやすいという演出上の要請としては理解できるが、歴史をまじめに論ずる時にとるべき手法ではあるまい。

❗大仏開眼のような巨大公共事業とイベントこそ価値ある投資

ウソ 大仏や国分寺の造営は無駄で人民を苦しめた悪政だ
本当 千年も人々の心のより所となり今日も観光資源として役立っている

聖武天皇とその皇后だった光明子は、仏教国家の建設へ向かってまっしぐらに進み、奈良の大仏を造営したり（七四五年）、貧しい人に施しをするために「悲田院《ひでんいん》」（七二三年）、病人のために「施薬院《せやくいん》」（七三〇）を設けて慈善事業に熱心に取り組んだ。

娘である孝謙天皇の御代になってから行われた大仏開眼は、昭和の高度成長期における東京オリンピックか大阪万博に匹敵する国家的プロジェクトだった。唐・新羅・林邑《りんゆう》（ベトナム）の舞も奉納されたというから、「追いつき追い越せ」の精神で大陸文化を取り入れてきた文明開化の到達点というべきものだった。

こうした巨大なイベントや、公共建築物、宗教施設などは、いかにも人民をないがしろにした税金の無駄遣いだと批判されるのは、昔も今も変わらない。とくに、近ごろのような後ろ向きの気分の時代にはその傾向が強いようだ。

大仏建立は無駄遣いではない

だが、本当に国家イベントは役に立たず、実用的でない宗教施設や公共建築物は無駄なのだろうか。私はまったく間違った考えだと思う。

大きなイベントの情報発信力はやはり大きいし、なによりも人を喜ばせる。織田信長は本能寺の変の前年（一五八一年）に京都御所で大々的な馬揃えを挙行したが、これを見た人々は、「弥勒《みろく》の世が来た」と喜び、その評判が全国に伝わることで「戦国の終わり」を予感したのである。

現代でも、海外の例をあげるなら、毎年、七月一四日のパリ祭での大軍事パレードは、フランス革命の精神を再確認する最良の教材であるし、チャールズ皇太子とダイアナ妃の結婚式（一九八一年）は世界中に生中継され、イギリス復活の狼煙《のろし》というべき効果を上げた。

建築物でも、たとえば日本の国会議事堂の偉容は、議会政治の重要性をアピールするうえで、なによりも効果的な宣伝塔である。また宗教を信じる人にとって、立派な寺院などは心の平安を獲得し、前向きに生きるためにこれほど有用なものはない。

美しい都市には、街路や住宅がこぎれいであることだけが大事なのでなく、モニュメンタルな建築によるアクセントがぜひとも必要だ。役所が立派なのは無駄だという考えはまったく誤っている。ホワイトハウスやロンドンの国会議事堂が絵はがきに使えないようなものだったらどんなに寂しいことだろうか。

日本の歴史を振り返っても、多くの立派な宗教施設や公共建築物が建てられたが、もっとも大きく長い成功をおさめているのは、疑いなく奈良の大仏だ。

奈良の大仏は、日本人にとって立派な宗教施設だというだけでなく、国家統合の象徴のひとつとして重要な意味を持っている。だからこそ平重衡《たいらのしげひら》によって焼かれたものを源頼朝は天下を取ってすぐに再建したし（一一九〇年）、松永久秀《ひさひで》が二度目に焼いたあとは、豊臣秀吉がそれに代わるべき大仏を京都に建立し、それが徳川幕府に溶かされたあとになって、徳川綱吉《つなよし》が母の桂昌院《けいしょういん》のすすめで奈良の大仏殿を再興した（一七〇九年）。

しかも、鎌倉時代の再建のときの「勧進帳《かんじんちょう》」のエピソードのように、全国の人々がその再建に献金したのである。この再建の時だけでなく、創建の時にも、行基《ぎょうき》の協力も得て、庶民も力を合わせてこの大仏をつくろうという姿勢は聖武天皇自身がめざしたところである。江戸時代のことだが、大老井伊《いい》直興《なおおき》は領民全員から一文ずつ集めて弁天堂を創建したが、なかなか好評だったそうだ。

莫大な資金と労働力を動員した事業は庶民にとって負担だっただろうが、日本の歴史上、これほど人々から人気を集め、千年以上にわたって救いを与え続けた事業は他に見当たらない。

バチカンのサン・ピエトロ寺院にしてもしかりで、建設費用を捻出した者に免罪符を発行したのは余計だったが、あの素晴らしい建築が世界のカトリック教徒にとって誇りになっていることは疑いないだろう。

そして、もちろん、大仏にしても大聖堂でも二一世紀の今日に至るまで、観光資源としても大きな利益を生み出していることも忘れてはならない。

さて、聖武天皇とその皇后だった光明子への評価の揺れは、この大仏や国分寺建設をどう見るかということとほぼ重なり合っているように思われる。全国に文化センターとしての役割も兼ねて国分寺を創り、総国分寺として東大寺を建設したのは、私は実に効率良く将来の世代にわたる国民の福祉に貢献した公共事業だったと評価する。

また、光明皇后は中国の書家・王羲之《おうぎし》の流儀を学んだ能書家で、男性的といっていいほど力強く雄渾《ゆうこん》な墨跡が残っている。代表作は正倉院蔵の『楽毅論《がっきろん》』である。

また、聖武天皇の遺品をまとめて整理したうえで東大寺に寄進したが、それが正倉院御物であり、おかげでわれわれの世代にまで八世紀における第一級の文化遺産を受け継ぐことができた。

藤原仲麻呂の中国化政策は愚作か深慮か

ウソ　恵美押勝は中国かぶれの浅はかなお調子者だ

本当　安禄山の変に呼応して日本の地位向上を図ったすぐれた政治家

奈良時代に恵美押勝《えみのおしかつ》（七〇六～七六四）という奇妙な名前の宰相がいた。もとの名は藤原仲麻呂《なかまろ》といい、疱瘡で死んだ藤原四兄弟の長男だった武智麻呂《むちまろ》の嫡男である。父親と叔父たちが死んだときは三二歳だった。

まだ若かった聖武天皇と光明皇后の夫妻は、その四年前に後見人ともいえる皇后の母である橘三千代を失っていたから、天皇の叔母である元正上皇が睨《にら》みをきかせ、皇后の異父兄の橘諸兄が宰相として差配をふるった。

だが、元正上皇が亡くなり（七四八年）、橘諸兄に衰えが出てきたこともあり、聖武天皇から娘の孝謙天皇に譲位されると（七四九年）、紫微中台《しびちゅうだい》と改称された皇后宮職の長官になった藤原仲麻呂が台頭し、橘諸兄は酒の席での失言を理由に失脚した（七五五年）。やがて、光明皇后が亡くなったが（七六〇年）、仲麻呂は孝謙天皇からも信頼され、第四七代・淳仁《じゅんにん》天皇（七三三～七六五）を即位させて（七五八年）、絶対的な権力者となった。

聖武上皇は、孝謙天皇のあとは、天武天皇の二世王・道祖王《ふなどおう》（?～七五七）を皇太子にする遺言を残して崩御した。道祖王は天武天皇と藤原鎌足の娘の間に生まれた新田部《にいたべ》親王の子である。

だが、皇太子だった道祖王は聖武上皇の喪中に孝謙天皇の侍童と男色にふけったりしたことから廃され、後任には仲麻呂と近い大炊《おおい》王が「悪い噂がない」ことを理由に選ばれた。その父である舎人親王《とねりしんのう》は、天武天皇の子で『日本書紀』の編纂に当たった人物で、母は天智天皇の皇女新田部皇女《にいたべのひめみこ》である。

ところが、孝謙上皇が保良宮《ほらのみや》で重病になったときに、道鏡《どうきよう》がこれを治癒して信任を得た（七六一年）。仲麻呂は、これを排除しようと淳仁天皇から諫言《しんげん》させたことで対立が深まり、軍事的主導権を取ろうとしたが、上皇に先手を打たれて、駅令などを確保され、かつて国司《こくし》だった近江に逃げた。

このころは、律令制の下で正規軍が強力であり、彼らは、規則通り上皇の命令に従ったので、仲麻呂は追い詰められていまの琵琶湖の西の高島市三尾（継体天皇の出生地のそば）に滅び、淳仁天皇も淡路に流され、孝謙上皇が称徳《しようとく》天皇として重祚した（七六四年）。

中国と対抗するために中国を真似た恵美押勝

さて、この藤原仲麻呂は、役所の名や官職名を中国風に変え、太政官を乾政官《けんせいかん》、太政大臣は大師《たいし》などとし、光明皇太后は天平応真仁正皇太后、孝謙天皇は宝字称徳孝謙皇帝などと呼ばせ、自分も恵美押勝と名乗ったのである。

こうしたやり方は、近ごろのように国粋主義的な風潮が強いと、評判がよろしいはずがない。「唐風文化の物真似と人気取り政策に終始した軽薄者の結末」などと揶揄《やゆ》した歴史作家もいるほどだ。

だが、外国の物真似をする人が愛国心がないとか、卑屈な精神の持ち主だというのは、まったくの間違いである。逆に、外国風を嫌い、なんでも和風にすることが、本当に愛国的なのかどうかは疑問である。

世界に伍していこうとすれば、先進文明国だと評価される必要がある。また、開かれた国でなければならない。だからこそ、明治新政府は文明開化をめざし、西洋に倣って憲法や議会を設け、また鹿鳴館《ろくめいかん》では西洋の風俗を真似たし、戦争のときも国際法を一生懸命遵守した。

ところが、日露戦争に勝ったりしてそこそこの先進国として認められたとたんに、独自性にこだわりだした。もちろん、日本の伝統文化を再評価した岡倉天心《おかくらてんしん》やフェノロサの運動など有益なものもあったし、伝統的な道徳を再評価して制定された教育勅語などは功罪相半ばする（「教育勅語」は伝統的な道徳と西欧近代的な価値観の調和をめざして制定された。その当時においては妥当な内容だったが、のちに過度に家父長主義的思想が強調されて弊害が生じたというのが公平な評価だろう）。

だが、戦争に勝ったのは神国だからとうぬぼれ、もともと規範として確立などしたこともなかった武士道などをでっち上げ、国際法規を軽視して戦場で田舎武士のような残虐《ざんぎゃく》行為に走り出すようになると没落への道を転げ落ち始めた。

日本語を大事にすることは結構なことだが、小学生の時から英語を学んでどんどん外国に出て行く若者が増えた方が、世界での日本の影響力は高まるだろうし、常用する漢字の数を減らした方が日本語を学ぶ外国人が増え、これもプラスの効果が期待できるだろう。

国が健全に機能し、上げ潮のときは、外国を真似ることに躊躇しない。しかし、調子に乗って自惚《うぬぼ》れたり、落ち目になるととたんに国粋主義に走る。これが悪循環を繰り返して国家は凋落していくのだ。

安禄山の変に乗じて新羅討伐を計画

そんな観点から恵美押勝を考えてみると、彼の政策は安禄山の変などで唐が衰退期に入った時期にあって、日本が従来の中国追従外交をやめて、東アジア外交での主導権を回復しようという試みの一環だったと理解できる。

つまり、主導権を取るには、まず東アジアの諸国から見て、日本が文明国だと評価されないと駄目だというのが、恵美押勝の中国化政策だったのである。

そして、恵美押勝は渤海《ぼっかい》とも結び、新羅を討とうとさえした。だが、恵美押勝の強引な権力掌握、中国文明の模倣、そして、積極的な対外政策には国内に大きな反発も招いた。

もしかすると、攻められそうになった新羅の対日工作もあったのかもしれないが、さまざまな複合的な要因が相乗効果を生んで、孝謙上皇による天皇からの政権奪取クーデターとなり、恵美押勝による再クーデターにおいても、上皇側が勝利を収める結果となったのだろう。

そして、安禄山の変の終息もあって新羅遠征計画は中止され、恵美押勝の失脚で、二度と顧みられなくなった。しかし、このときの、新羅遠征計画は、かなり緻密なもので、善し悪しは別として成功の確率はかなりあったと思う。

よく似た例としては、豊臣秀吉の大陸遠征が失敗したあとの、江戸時代はじめの状況がある。

秀吉の大陸侵攻はそもそも無茶な計画で、以後の権力者は誰も再び出兵しようなどとは思わなかったような誤解があるが、関ヶ原の戦いの前に徳川家康が上杉景勝《かげかつ》に上洛を求めた口実は「第三次出兵の相談」だった。また家康が薩摩の島津氏に琉球へ出兵させたのも大陸を意識してのことだし、朝鮮王国との交渉では常に第三次出兵の可能性をほのめかしている。

さらに、元和・寛永年間（一六一五〜一六四三）あたりになると、満州族に攻められて明はどんどん弱体化していったから、もういちど綿密に作戦を立てて再開すれば、かなりの成果を上げたかもしれない。そのときには、満州族と組むことも、反対に国姓爺《こくせんや》こと鄭成功《ていせいこう》（抗清活動に従事した中国の武将。母は日本人。一六二四〜一六六二）と組むことも可能だったのである。

大陸に広大な領地を得ようなどとは考えずに、東シナ海沿岸各地に拠点を確保し、海上の覇権を握ることでも目標にして行動すれば、おそらく成功したはずだ。同じころイギリスは、そのような作戦でヨーロッパで最強の国になることに成功したのである。

のちに、遣唐使中止（八九四年）に至るまでの外交について紹介するが、恵美押勝の失脚後は、唐帝国の衰退期にあって、日本はもはや学ぶべきものもないし、脅威でもないといわんばかりに、善し悪しは別として、外交というものへの関心を失っていくのである。

第八章

「唐の落日」とともに「日本の古代」も終わった

古代の宮都（近畿）

古代の宮都（飛鳥地方）

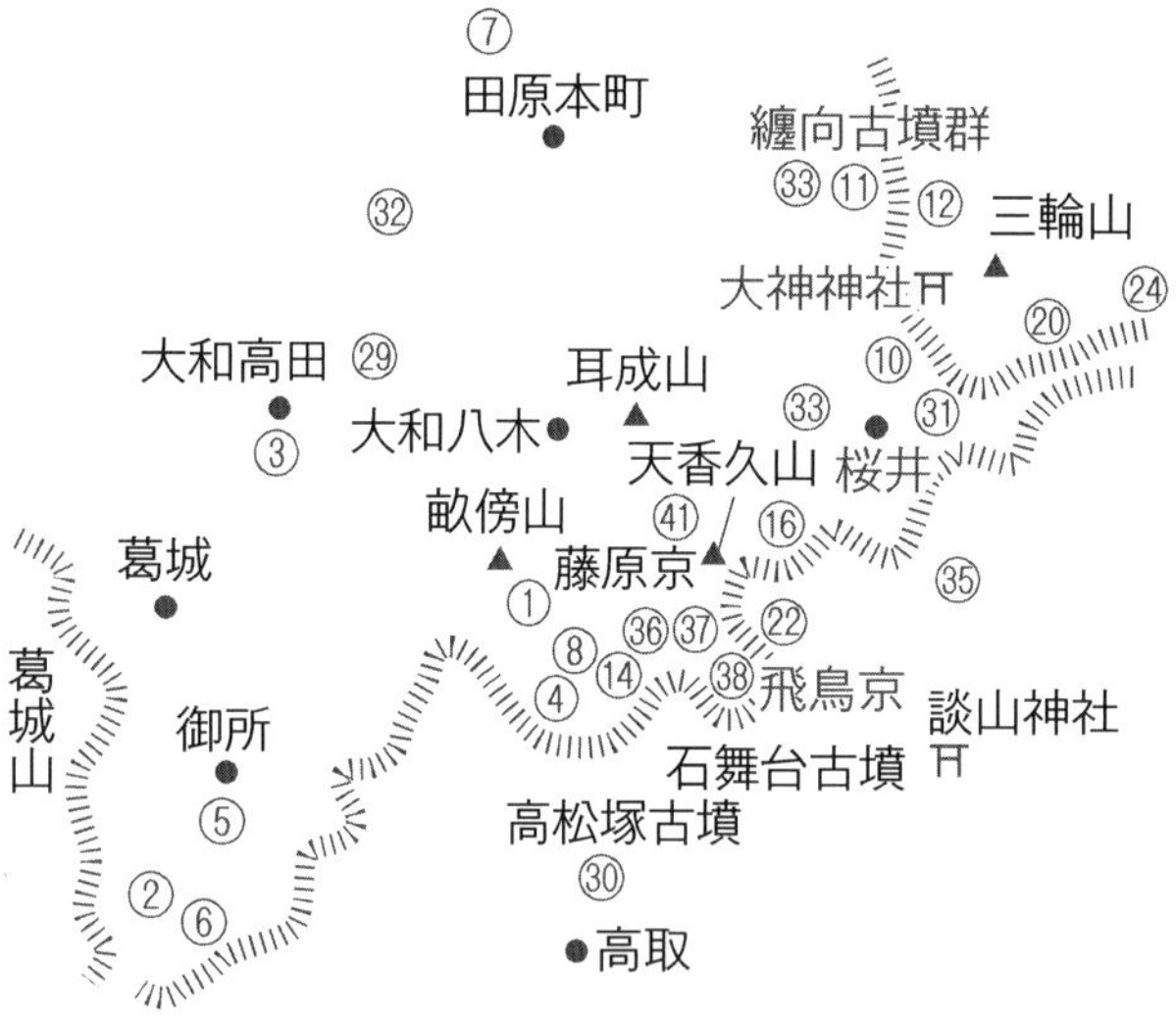

①橿原宮	神武天皇
②高丘宮	綏靖天皇
③片塩浮孔宮	安寧天皇
④軽曲峡宮	懿徳天皇
⑤掖上池心宮	孝昭天皇
⑥室秋津島宮	孝安天皇
⑦黒田廬戸宮	孝霊天皇
⑧軽境原宮	孝元天皇
⑨春日率川宮	開化天皇
⑩磯城瑞籬宮	崇神天皇
⑪纏向珠城宮	垂仁天皇
⑫纏向日代宮	景行天皇
⑬志賀高穴穂宮	景行・成務・仲哀天皇
⑭軽島豊明宮	応神天皇
⑮難波高津宮	仁徳天皇
⑯磐余稚桜宮	履中天皇
⑰丹比柴籬宮	反正天皇
⑱遠飛鳥宮	允恭天皇
⑲石上穴穂宮	安康天皇
⑳泊瀬朝倉宮	雄略天皇
㉑磐余甕栗宮＊	清寧天皇
㉒近飛鳥八釣宮	顕宗天皇
㉓石上広高宮	仁賢天皇
㉔泊瀬列城宮	武烈天皇
㉕樟葉宮	継体天皇
㉖筒城宮	継体天皇
㉗弟国宮	継体天皇
㉘磐余玉穂宮＊	継体天皇
㉙勾金橋宮	安閑天皇
㉚檜隈廬入野宮	宣化天皇
㉛磯城島金刺宮	欽明天皇
㉜百済大井宮	敏達天皇
㉝訳語田幸玉宮	敏達天皇
㉞磐余池辺双槻宮＊	用明天皇
㉟倉橋柴垣宮	崇峻天皇
㊱豊浦宮	推古天皇
㊲小墾田宮	推古天皇
㊳飛鳥京	舒明・皇極・斉明・天武天皇
㊴難波豊碕宮＊＊	
㊵近江大津宮	天智・弘文天皇
㊶藤原京	持統・文武天皇
㊷平城京	元明・元正・聖武天皇等
㊸恭仁京	孝謙天皇
㊹難波京＊＊	
㊺紫香楽宮	聖武天皇
㊻保良宮	淳仁天皇
㊼長岡京	桓武天皇

古代の宮跡を地図上に示してみた。異説もあるが有力なものだけを記載した。このほか、仲哀天皇および斉明天皇が西日本に遠征して宮を営んだことがあるが、ここでは割愛した。

＊ はいずれも磐余池の畔にあったといい、⑯と近隣だったと推定される。
＊＊はいずれも同じ大阪城南側。

❗光仁天皇の即位は天武朝から天智朝への回帰でない

ウソ 天武系が称徳女帝で断絶し天智系に皇位が戻った

本当 皇位継承候補者はずっと天智・天武両方の縁者だった

桓武天皇（七三七～八〇六）の父である光仁天皇（七〇九～七八一）の即位は、「天武朝」から「天智朝」への回帰と説明されることが多い。だが、持統、元明の両女帝は天智天皇の皇女であるし、文武（孫）、元正（孫）、聖武（曾孫《ひまご》）、孝謙・称徳（玄孫）、淳仁（孫）もすべて天智天皇の血を引いている。

もともと天武天皇は天智天皇のオーソドックスな継承者として登場したのだから、そもそも天智と天武の二系統の対立があったと見るのが正しいとは思えない。

ただ、天武天皇と持統天皇との子である草壁皇子の子孫に皇位を伝えたいという気持ちはあったようだ。孝謙上皇は淳仁天皇との役割分担を定める時の詔のなかで「私の母である光明皇后は岡宮天皇（草壁皇子）の皇嗣は絶えようとしていると言い」という下りがあるのは、こうした意識を裏付けている。

ヤマトタケルにしても聖徳太子にしてもそうだが、当然に皇位を嗣《つ》ぐべきと衆目が一致していた人物が早く死んだ場合、古代人にとっては、それを悼む気持ちは、非常に強かったようだ。それが、せめて子孫たちに皇統を伝えさせてあげねばという世論になったのであろう。

だが、聖武天皇の継承者として、孝謙天皇のほかで草壁皇子の血を引いているのは、孝謙天皇の異母妹である不破《ふわ》内親王および井上内親王とその子供たちしかいなくなっていた。不破内親王の夫は天武天皇の子である新田部親王を父とする塩焼《しおやき》王だった。

この塩焼王と不破内親王の結婚に聖武天皇は賛成していなかったのか、塩焼王は伊豆に流されたりしたあげく（七四二年）、臣籍降下して氷上《ひかみ》姓を名乗らせられ、藤原仲麻呂の乱のときには次期天皇の候補として担がれたため、仲麻呂とともに処刑された。残された子に氷上志計志麻呂《ひかみのしけしまろ》と氷上川継《かわつぐ》（同一人物の可能性も）があったが、称徳天皇によって失脚させられた。

道鏡による宇佐神宮神託事件

そうした有力な帝位継承者がいない状況のなかで道鏡が皇位につこうとする事件が

起きた。孝謙上皇の看病禅師として、保良宮において孝謙上皇の病気を治し（七六一年）、藤原仲麻呂の乱ののち太政大臣禅師（七六五年）、翌年には天皇と対等といってよいほどの地位である法王となり、さらに、宇佐《うさ》神宮神託事件で帝位まで狙ったが失敗し（七六九年）、称徳天皇の死後には下野《しもつけ》薬師寺の別当という地位に左遷された（七七〇年）。

仏教を受け入れたのは用明天皇のときであるが、聖徳太子などを経て聖武天皇のころにはさらに重要な地位を占めるようになった。国家事業として大仏や国分寺・国分尼寺が創られたのもさることながら、聖武天皇自らが在位のまま出家したのである。

また、神道との融合も進んだ。とくに、宇佐八幡神は九州のローカルな神様に過ぎなかったのだが、新羅遠征に絡む奉幣や藤原広嗣の乱における戦勝祈願を機に「予言」がよく当たる神様として朝廷でも重んじられるようになった。

そして、大仏建立にあたっては、平城京に八幡神がやってきたというデモンストレーションを執り行って人気を集めた。仏教と神道の融合、そして、この融合した宗教の国教化の先陣を切ったのである。

こんななかで宇佐神宮神託事件が起きた。道鏡の弟で大宰帥の弓削浄人《ゆげのきよひと》と大宰主神の習宣阿曾麻呂《すげのあそまろ》が「道鏡を皇位に付ければ天下は太平になる」という宇佐八幡宮の神託を奏上したことに始まった。

称徳天皇は側近の和気広虫《わけのひろむし》（女性）の弟である和気清麻呂《きよまろ》を、真偽をただすべく派遣したのである。清麻呂は宇佐八幡に着いて、御神前にひれ伏して、「託宣は信じ難し。願わくば真意を示したまえ」と叫んだところ、光の中から三丈（九メートル）もの宇佐の大神が現れ、「我が国は開闢《かいびやく》以来、君臣の分定まれり。臣を以て君と為すこと未だあらざるなり。天つ日嗣ぎは必ず皇儲《こうちよ》（天皇の世嗣ぎ）を立てよ。無道の人は宜しく早く掃い除くべし」といったという。

これを称徳天皇に報告すると、これを聞いた道鏡は和気麻呂を死罪にせよと怒ったが、それでも女帝は大隅国（鹿児島県）へ流すことに留めた。このあとも称徳天皇は道鏡を重んじ、その出身地の河内に陪都《ばいと》（国の都に準じる都）として由良宮を営むなどしたが、道鏡を帝位につけようという試みは沙汰《さた》やみになった。

称徳天皇としては、清麻呂が伝えた神託を嘘という自信もなかったし、高官たちがそれまで道鏡を容認していたのは、反仲麻呂のためだけだったので、こうなってしまえば、彼らに道鏡を皇位につけることまで納得させるのはやはり無理があると判断したのであろう。

そして、女帝は由良宮で病に倒れ平城京に戻り、女帝自身の意志だったかどうかはともかく、道鏡は遠ざけられた。

白壁王の即位は順当だった

そして七七〇年、女帝が崩御したとき、藤原永手《ながて》や藤原百川《ももかわ》らは、女帝の遺志と称して白壁王《しらかべおう》を後継に指名した。このころ右大臣に異例の昇進をしていた唐帰りの官僚である吉備真備《きびのまきび》などは文室浄三《ふんやのきよみ》（天武の孫）やその弟の文室大市《おおち》を推したともいう。

天武天皇と大江皇女（天智天皇の娘）の子である長親王の子供たちである。

しかし、白壁王は聖武天皇の皇女で不破内親王の同母妹である井上内親王を妃として他戸王《おさべおう》（七六一年？〜七七五年）という息子もいたことから順当に帝位につき光仁《こうにん》天皇（第四九代。七〇九〜七八一）となる。他戸王はこの時点ではまだ九歳で皇位を嗣ぐには早すぎたから、草壁親王の血統をもって正統としようという立場からいっても白壁王をつなぎとするのは、まっとうな選択だった。

もし、白壁王が死んでいたら井上内親王が女帝になるという手もあったかもしれなかったが、人妻では登極できなかったし、道鏡騒動で誰もが女帝に懲りていた。推古天皇の好評で日常化した女帝は孝謙（称徳）天皇の不評で、次の明正《めいしょう》天皇（第一〇九代。一六二四〜一六九六）まで、八五〇年余り廃絶したのである。近代における諸外国の例を見てもそうなのだが、女帝の場合には、周囲の政治的指導者のほとんどが男性であることからくるコミュニケーションのとりかたの難しさや、また親密な男性が出現した時に独特の困難を伴うのが現実なのだ。

白壁王の父である施基皇子は吉野の盟約（六七九年）にも参加した大物だったし、白壁王自身も仲麻呂の乱の鎮圧に活躍するなど、それなりに評価されていた。だからこそ井上内親王の婿にとされたのだし、官職も道鏡、藤原永手、吉備真備に次ぐ大納言だった。

不破内親王の子供たちが粛正されたような時期であるから、酒ばかり呑んで野心がないように見せかけていた、というくらいのことはあったかもしれないが、白壁王がノーマークだったというのは間違いだ。

オーナー一族で有能だが、遊び好きで社内抗争にはかかわらない常務といったイメージだったのだろう。それに光仁天皇が即位したのが六二歳という暦がはっきりしてからでは歴代最高齢だったことも周囲の警戒感を薄めた。

そんなわけで、この白壁王の即位はきわめて順当なものだった。しかも、そのライバルだった氷上川継とか文室浄三といった天武の孫や曾孫も天智天皇の血を引いていたし、白壁王には他戸王という聖武天皇の孫にあたる跡取りもいたのだから、いずれにしても、候補者はすべて天智と天武のいずれもの関係者だったのだから、ここでも、天智系と天武系という意識はおよそなかったと見るべきだろう。

山部皇子(桓武天皇)の登場

むしろ、クーデターというべき大事件は、そのあとの他戸親王排斥《はいせき》事件なのである。光仁即位の二年後の七七二年、井上内親王が夫の光仁天皇を呪詛《じゅそ》したことを理由に廃され、皇太子の他戸親王も連座して廃された。翌年には山部《やまべ》親王(桓武天皇)が立太子され、やがて、幽閉されていた前皇后と前皇太子は同じ日に変死した(七七五年)。

光仁天皇は即位の時にすでに六二歳であり、早期の譲位が予想されていた。ところが、この路線を敷いた藤原永手《ながて》(北家)が没し、藤原良継《よしつぐ》、百川、さらには種継《たねつぐ》という式家《しきけ》の者たちが藤原家の中心になっていた。

こうした状況を見て、皇后の井上内親王にあせりがあって軽率な行動をしてつけ込まれたのでないかと思う。いずれにせよ、廃されたとき他戸親王は一二歳。この貴公子がみずから大逆の陰謀を企てたはずもない。

これを藤原一族の権力掌握への道とするのもおかしいと思う。藤原氏もほかの貴族たちと同様に一族のなかでいくつかの立場は分かれていたし、事件にほかの氏族がかかわらなかったわけでもない。むしろ、これ以降の政局は、山部皇子自身が抜群の政治力の持ち主であったことによって規定されていくのである。

❗平城京のような立派な都からどうして遷都したのか

ウソ 奈良の巨大寺院など仏教界の影響から抜け出すためだ

本当 職住近接の徹底による官僚制の確立と水運の便が理由だ

古代の宮都について、飛鳥の倭京から藤原京、さらには、平城京という動きは、規模がだんだん大きくなっているのだから、国家の隆盛に従って立派な都に移っていったのだろうと納得しやすい。

大和にあった各天皇の宮は、代替わりごとに移転していたが、だんだんと飛鳥の同じ場所で作り直されるようになった。大化の改新の舞台になった板葺宮も、天武天皇の浄御原宮も同じ場所である。

藤原京については、総面積は平城京に匹敵する可能性もあるが、天皇の住まいがある大内裏《だいだいり》が長安のように都城の北でなく洛陽のように中央にあり、天香具山《あまのかぐやま》や耳成山《みみなしやま》まで取り込む構造で比較しにくい。ただ、都城としての充実は、やはり平城京ほどでないし、測量の不備から区画も不整形だったらしい。

だが、平城京（東西四・三キロ×南北四・七キロ）と平安京（同四・五キロ×同五・二キロ）ではほぼ同じ規模である。しかも、平城京には東大寺など巨大な伽藍《がらん》を持つ寺院があったのだから、それを棄てて遷都するのはいかにももったいない話だった。

そこで、道鏡事件に懲りて寺院からの影響を避けるために移ったのだという説明をその昔学校で教えられた憶えがある。だが、道鏡は個人として孝謙上皇に取り入ったのだから寺院とか仏教界の力が背後にあったわけでもない。それほど朝廷が宗教界の横暴に耐えかねていたといった状況でもなかったはずなのである。

その謎を探るために、第一〇代・崇神天皇以降の宮都の場所をもういちど振り返り、それぞれの時代における宮都の場所選びについて考えてみよう。

平城京遷都の深慮遠謀

崇神天皇以前の天皇たちが活動範囲とした飛鳥地方というのは、大和川水系によって大阪湾に通じていて、宮廷人や土着の豪族の生活を支えるくらいの食料や物資の輸送は確保できた。治水技術も稚拙《ちせつ》だったから、都を置く場所としては扇状地のような少し傾斜のあるところが最適だった。

このころ宮都は代替わりごとに引っ越ししていたが、豪族たちは農村地帯の村をそれぞれ領地としており、そこから宮都まで通っていた。

ただ、このように豪族がそれぞれの根拠地にそのまま住んでいるというのは、二つの意味で困ったことだった。

ひとつは、安全上の問題である。宮都から離れているため監視の目が行き届かず豪族たちはすぐに反乱を起こせたし、犯罪者を匿《かくま》うことも容易だったのだ。

そこで、景行・成務・仲哀帝の志賀高穴穂宮《しがのたかあなほのみや》（現在の滋賀県大津市）や天智天皇の大津京、あるいは、仁徳天皇の難波高津宮のように宮都が大和を離れてしまうことがあったり、継体天皇が即位してから二〇年も大和に都を置かなかったのも、安全上の理由があったためである。

新しく計画造成された都では治安も守りやすい。とくに、大きな改革をするに伴う危険を避けるためには、こうしたタイプの新首都への遷都が有効であることは、サンクトペテルブルク、ベルサイユ、ポツダムなどの例を見ても明らかである。中国でも陪都を設けたり、隋の文帝のように山間の僻地《へきち》にある離宮である仁寿宮《にんじゅ》にうっかりすると一年以上も滞在を続けたのも同じ動機であろう。

もうひとつは、豪族たちにそれぞれの本拠地に住まわれてしまうと、彼らは本拠地では兼業農家でもあったので、中央での官僚や軍人としての仕事に力が入らないということがある。

これは千年のちに城下町が形成されていったのと同じプロセスだ。織田信長は、家臣に「兼業禁止」「フルタイム勤務」「社宅住まい」を強制して近代的な武士団を作り上げた。安土城下で火事があったときに出陣中の家臣が家族を尾張に残していたことが発覚すると、信長は尾張の家屋敷を破却して家臣を城下に強制移住させたのである。

徳川家康も居城を岡崎・浜松・駿府・江戸と移して家臣たちを故郷から切り離したのである。関東移封を家臣たちは嫌がったが、家康としては思うつぼだった。そういう意味で、景行・成務・仲哀の三帝が志賀高穴穂宮に移ったり、天智天皇が大津に遷都したのはもっとも徹底した豪族たちの地盤からの切り離し策だった。

さらに、東国開発を進める意図もあったのだろう。天武天皇は信濃への遷都を考えたという話まである。

平城京への遷都は、すでに、大和盆地南部から少しだけだが豪族たちを本拠地から離すという意味があったのである。現代風にいえば、週末は田舎に帰って農業をするかもしれないが、ウィークデーはサラリーマンとして全力を尽くさせようといったレベルでの施策である。

その点、移転先が大和国内では上記のようなふたつの趣旨は不徹底にならざるをえないのであって、そこでそう簡単に本拠地と行き来できないところに移そうということになったのである。いってみれば、藤原京は信長が清洲《きよす》から小牧山に、平城京は岐阜に移ったことにたとえられるとすれば、平安京は安土《あづち》への移転にたとえることができよう。

遷都で水運・防衛問題も解決

しかし、それ以上に深刻だったのは水運の問題であろう。律令国家は巨大な官僚機構を必要としたから、宮都の人口も多くなる。そうなると、その人口を支えるための食料や建築資材を運ばなくてはならないし、廃棄物の搬出も必要になる。

ところが、大和川水系の水運能力は限られており、とうてい、賄えるものでなかった。そこで、淀川から木津川を使い、さらに奈良坂を越えて平城京につなげるルートが使用され、その延長線上で、恭仁京《くにきょう》を木津川の河港付近に開発し、平城京とワンセットで使おうという発想が生まれた。

ただ、近接しているといっても、それなりに距離が離れたふたつの都市を一体的に使うというのには無理があった。

もちろん、それなら海と大河に面した難波に都を置くという発想もあるが、対外防衛を考えれば危険もある。

そこで、淀川・宇治川本流が活用できる山城盆地北部に移したらということで、まずは長岡京遷都が試みられ、ついで、平安京への遷都が行われたのである。

長岡京の水運は理想的だったが、水害の危険が高かった。また景観も平安京の方が優れていた。平安遷都の背景として秦氏など渡来人たちの役割を強調する人もいるが、過大評価すべきでない。遷都後、秦氏が政権中枢を占めたわけでもないのである。

一方、山城への遷都に伴い、難波京を陪都として維持する意味がなくなり、難波京にあった大極殿は長岡京に移転させられ、摂津識《せっつしき》という国司に替わる特別なポストも廃止された。

大和に宮都がある限りは、外国使節などが下船する港がある難波での接遇も必要だった。ところが、淀川水系だと山崎《やまざき》か鳥羽《とば》まで楽に遡上できるし、そこから平安京にしても半日もあれば皇居まで達するのである。

また、難波は淀川の南岸にあるから、山城方面からだといったん渡し船に乗る必要もあった。そんなことで、難波京そのものはもちろん、港湾都市としても難波は零落したのである。平安時代には、京都から熊野詣でに出かける熊野路のスタート地点といった受け取り方だったらしい。

源平時代になると平清盛《たいらのきよもり》が神戸に福原京を建設して遷都しようとしたが、京都からの西国街道は大阪を通らずに、そのまま神戸方面に向かっていたのだから、ごく自然な選択だったのである。

難波が復興するのは、蓮如《れんにょ》上人が要害の地であることに着目して御坊をここに置き、その後、これが本願寺に昇格した時だ。そして、豊臣秀吉の大坂築城、徳川秀忠による再建を経て、日本を代表する大都市となったのであって、難波京とは歴史が連続していないのである。

❗桓武天皇が百済王室の血を引いていることの意味

ウソ 桓武天皇の母が百済王室出身であることは半島の影響力の大きさの象徴

本当 百済王室の出身でも下級貴族でしかなかったことに注目

「日本と韓国との人々の間には、古くから深い交流があったことは、『日本書紀』などに詳しく記されています。韓国から移住した人々や招へいされた人々によって様々な文化や技術が伝えられました。（中略） 私自身としては、桓武天皇の生母が百済の武寧王《ぶねいおう》の子孫であると『続日本紀《しょくにほんぎ》』に記されていることに韓国とのゆかりを感じています」と天皇陛下が仰《おつしや》ったのは、日韓共催ＦＩＦＡワールドカップ（二〇〇二年）を前にしたころである。

韓国ではこの「ゆかり発言」によって皇室への感情がだいぶ改善した。ただし勇み足もあって、韓国の有力紙のコラムは「日王、王室の根、百済王室から起こると是認」という珍解釈をした。事実は光仁天皇の数ある夫人の一人が百済の武寧王から一〇代目という渡来人系の下級貴族の娘で、それが生んだ子供が桓武天皇だという以上でも以下でもない。

桓武天皇の母である高野新笠《たかののにいがさ》の実家は和氏と名乗り、武寧王家の中では傍系で早くに日本に渡来していたようだが、官吏としてそれほど高い地位ではなかった。一方、白村江の戦いで敗れた豊璋王の弟である禅広王《ぜんこう》（善光王）は、日本の朝廷に仕え、百済王氏を称した。だが、その子孫で、もっとも出世した者でも、陸奥守・鎮守府将軍であって、たとえば皇室と同格といった評価ではなかったことは事実として知らねばならないし、それは、両国の関係が対等のものではなかったということだ。

そういう意味で、百済王室関係者が日本の影の支配者だったといわんばかりの説は荒唐無稽だが、百済からの渡来人の血を引くものが皇位を継ぐことに抵抗があまりなかったと見られることは、古代人たちの国際感覚が開かれたものであったことの証左だったといえるのである。

皇位は桓武系が独占

「大化の改新」とその後の律令制度の確立で、天皇を中心とした強力な中央集権国家が制度としては完成したのだが、肝心の天皇はといえば、男帝である文武、聖武、淳仁は有能とはいえそうもなかったし、光仁は高齢だった。むしろ女帝たちの方が気力体力ともに勝っていた。

そんなところに、働き盛りで知力体力ともに申し分ない男帝（桓武天皇）が出現すればばりばり仕事ができるのは、それだけでも当然のことだった。

しかも、このころ藤原氏では、後の桓武天皇である山部皇子を皇太子に据えた立役者である藤原百川、良継は、桓武即位前に死んだ。代わって同じ藤原式家（藤原不比等の三男、宇合《うまかい》を祖とする家系）の種継《たねつぐ》が実力者となり、長岡京建設の中心となったが暗殺されるなど、これといった実力者がいなかった。

そこで、母方の親戚など渡来人系の人材の登用も行われたが、その一人が蝦夷討伐に活躍した坂上田村麻呂《さかのうえのたむらまろ》である。

桓武天皇のはじめの皇太子は同母弟である早良《さわら》親王だったが、もともと仏門に入っていたこともあり保守派とのつながりが強く、種継と対立していたこともあって、種継暗殺への関与を疑われて廃立され変死した（七八五年）。

こうして桓武天皇の独裁は確立したが、そののちに起こる身辺の不幸に悩んだ桓武天皇は、怨霊の仕業と悩み、早良親王を崇道《すどう》天皇と追号し、また井上内親王の呪詛を恐れてその墓を山陵と追称し、皇后の位を復した。怨霊の都といわれる平安京の原点がここにある。

こうして桓武天皇の子孫以外の皇族は、ほとんど廃され、皇位は桓武系に独占されることになる。新王朝というほどではないが、皇室の長い歴史の中でも異例の純化政策であった。

皇位は平城《へいぜい》天皇（第五一代、七七四〜八二四）、嵯峨《さが》天皇（第五二代、七八六〜八四二）、淳和《じゅんな》天皇（第五三代、七八六〜八四〇）と桓武帝の息子たちが三代続いた。

平城天皇、嵯峨天皇は桓武天皇の皇后で藤原良継の娘である乙牟漏《おとむろ》を母とし、淳和は藤原百川の娘・旅子《たびこ》を母とするなど、いずれも藤原式家の血を引いていた。

藤原氏の繁栄をもたらした二人の女性

本来は嵯峨天皇のあとは平城天皇の皇子である高岳《たかおか》親王に引き継がれるはずだったが、平城上皇が愛人である藤原薬子《くすこ》にそそのかされて自身の重祚と平城京への復帰を策したことから高岳親王も失脚した（八一〇年、薬子の変）。

その後、高岳親王は仏典を求めて天竺《てんじく》へ旅立ち、羅越《らえつ》国（マレー半島）で死んだという。ちなみに、『伊勢物語』のモデルとして知られる在原業平《ありわらのなりひら》は、平城天皇の孫である。さらに、三河の松平一族は新田氏一門の徳川（世良田）親氏《ちかうじ》が松平郷の土豪である在原氏の末裔に入り婿として入ったのが始まりということになっているし、伊勢の長野氏、尾張の平手氏なども在原氏の末を名乗っていた。

さて、この「薬子の変」を乗り切った嵯峨天皇は、そのあとを腹違いの弟の淳和天皇に譲ったものの、その後の帝位は自らの子孫で独占した。その一方、藤原北家は徐々に権力を独占するようになり、やがて、藤原良房《よしふさ》が太政大臣になったあたりから摂関政治の時代になるのである。

そのキーパーソンとして、嵯峨天皇の皇后である橘嘉智子《たちばなのかちこ》（檀林《だんりん》皇后。七八六〜八五〇）という女性がいた。曾祖父は橘諸兄、祖父は橘奈良麻呂《ならまろ》だが、父の清友《きよとも》は「奈良麻呂の乱」（七五七年）に連座して刑死し、嘉智子はその死後に誕生した。

嘉智子は、天性の美貌と姻戚《いんせき》に当たる藤原冬嗣《ふゆつぐ》（北家）の支援で嵯峨天皇の宮廷に入内し、やがて、皇后となった。仁明《にんみょう》天皇（第五四代、八一〇〜八五〇）や正子《まさこ》内親王（淳和天皇皇后）の母である。いったんは、淳和天皇の子で自分の外孫に当たる恒貞《つねさだ》親王を皇太子とするが、嵯峨上皇が亡くなったのちには、藤原良房（冬嗣の子）と組んで、「承和《じょうわ》の変」（八四二年）を起こして、伴健岑《とものこわみね》と橘逸勢《はやなり》など藤原家と敵対する勢力を排斥し、仁明天皇と藤原順子《じゅんし》（女御・皇太后、冬嗣の娘）の子である道康《みちやす》親王（文徳《もんとく》天皇）を皇太子に立てた。

また嘉智子は、仏教に深く帰依し、日本初の禅院である檀林寺を建てた。死後は遺骸を埋葬せずに放置し鳥獣の餌とするように遺言し、その場所が京福《けいふく》電鉄の駅がある「帷子辻《かたびらがつじ》」である。

この信心の功徳かどうかはともかく、あの悲劇の死を遂げた橘奈良麻呂、さらにはその父である橘諸兄、そのまた母である橘三千代の血統は仁明天皇を通じて現皇室にも伝えられているのである。

つまり、藤原氏の繁栄をもたらしたのは、実は橘三千代（藤原不比等夫人）と橘千嘉子という二人の橘家の女性なのである。

藤原氏以外の貴族は排除

文徳天皇は藤原良房の娘・明子《めいし》（女御）との間に生まれた惟仁《これひと》親王（清和《せいわ》天皇）を生まれた年に立太子させる。とはいうものの、できれば寵愛する紀静子《きのしずこ》との子である惟喬《これたか》親王を中継ぎでも良いから即位させようと望んだが、かなわなかった。

そののちは、藤原氏と縁の薄い皇族たちは次々と出家させられたり臣籍降下した。

そのなかで、文徳天皇の子で第五六代・清和天皇（八五〇～八八〇）の孫である六孫《ろくそん》王《のう》は清和源氏の祖である源常基《みなもとのつねもと》となった。源義家はこの王子から数えて五世代目、頼朝・義経は九世代目、足利尊氏は一四世代目、徳川家康はその系図が正しいとしたらだが二五世代目、最後の将軍である徳川慶喜は三五世代目である。

藤原氏以外の貴族も徐々に排除されていったが、これには、藤原薬子事件を最後にして死刑が廃止になったことも関係がある。

というのは、朝廷の官職には定員がある。政争が激しく、死刑や流刑なども多かった時代には、一族だけで無限に増殖などしなかったのが、世の中が平和になるとそういうわけにもいかなくなり、官職にあぶれる者も出てきた。

そこで、上のポストは限られているため、藤原北家と臣籍降下して源氏を名乗ったものの一部（代表的には村上源氏）を除くと、世代を下るにつれてどんどん官位も低下していった。そのため、藤原氏以外の氏族を排除して官職の空きをつくる必要に迫られたのである。

ともかく、藤原氏と村上源氏以外で、幕末まで公家として生き残り、明治維新ののちに爵位をもらった諸家はといえば、特別の技能を司る一四三家のうち二四家だけなのである。

それでは、官職からあぶれた貴公子たちはどうしたかといえば、かなりが地方に移って武士として活路を求めた。国司で地方に赴任したのち、息子を地元の有力者の娘と結婚させて土着させたりしたのである。たとえば、島津氏や長宗我部氏は秦氏の子孫の流れを汲むとされているもうひとつは、神社の社家（神社の共同オーナー）として残ることである。やはり秦氏の一門である川勝《かわかつ》氏や羽倉氏などは、それぞれ松尾神社と稲荷大社の社家である。

そして、奈良時代や平安時代のはじめには、吉備真備に代表される学者官僚が高い地位につくこともあったが、その最後は、あの菅原道真で、以降は下級貴族として生き残るのが藤原氏ではない貴族の精一杯の道だった。

❗平安時代になってから唐への憧れは最高潮を迎えた

ウソ　平安遷都の結果、唐の模倣を止め国風文化が栄えた

本当　藤原時代になってから鎖国的体制に移行して唐の影響は少なくなった

平安時代は「国風文化」が盛んになった時代といわれる。だが、そうした形容に値するのは、建都から二世紀が経過した藤原道長《みちなが》（九六六〜一〇二七）の時代あたりからのことであろう。

嵯峨野《さがの》というところは、いかにも日本的な景観が楽しめるところだが、その名は長

安の郊外にある嵯峨という地名のあたりに似ているというので命名されたものであり、この地を愛した嵯峨天皇は、歴代の誰よりも徹底して唐風文化を愛する帝王であった。

このころ、南殿といっていた建物を紫宸殿《ししんでん》と呼ぶようになったし、天皇が後援した弘法大師空海や、その先輩である伝教大師最澄《さいちょう》は、朝鮮半島を経由しない純粋に唐風の仏教を日本に持ち込んだのである。

このころ、唐は盛りを過ぎていた。仏教についても、留学僧だった円仁《えんにん》（慈覚大《じかくだい》師《し》）が遭遇した仏教弾圧事件「会昌《かいしょう》の廃仏」（八四五年）などということもあった。

そうしたなかで、遣唐使の派遣も、光仁天皇の七七七年に遣唐使の帰国に際して唐の使節が随行し、その結果、天皇と使節との面会の時の上下関係に悩むといった面倒な出来事もあって日本側は熱を失い、最澄や空海が参加した八〇六年の延暦《えんりゃく》の遣唐使まで派遣は行われなかった。

その後、「承和の遣唐使」といわれる八三九年の派遣はあったが、その次の八九四年は菅原道真の建議で中止され、そのままになった。

唐、渤海、新羅との関係

八世紀半ばごろ、唐の混乱と新羅の内紛を受けて新羅が日本に融和的な方針となり、七七九年に派遣されてきた正月参賀使節は、土毛《どもう》（みやげ）だけでなく税金にあたる「調《みつぎ》」を持ってきた。

日本が潜在主権を持っている任那を支配している以上は、少なくともその分の税金を上納すべきであるという論議は日本が常に要求していたところだが、それを新羅が苦し紛れだが、受け入れたのである。

ところが、日本は調子に乗って次回からは上表文を持って来いなどといったものだから、その後、新羅からの使節そのものが来なくなってしまった。

渤海は高句麗の遺民がツングース系の靺鞨《まっかつ》族とともに建国（六九八年）したらしいが、渤海は唐及び新羅と対立していたから、日本とは友好関係を結び、七二七年から九二九年までに三四回も朝貢していた。彼らが北方ルートでもたらす渤海や中国の産物は日本にとっては魅力的だったが、日本海側のどこかに風任せで漂着する渤海の使者を接遇するのはたいへんな負担で、日本側から朝貢回数が多すぎると要望したほどである。

のちに、渤海を滅ぼした契丹《きったん》が継承国家として東丹《とうたん》国を建てたが（九二六年）、その遺民の多くは九一八年に建っていた高麗《こうらい》に逃亡して東丹も消滅した。また、靺鞨族の一派から女真《じょしん》（満州）族が出て、後金《こうきん》や清帝国を建てた。

そもそも満州（中国東北部）に興って北朝鮮に進出した高句麗の継承国家は中国か韓国・朝鮮なのか、渤海は高句麗人の国なのか靺鞨族の国なのか、渤海は高麗に吸収されたのか契丹を通じて中国に吸収されたとみるべきなのかについて、中国と韓国・朝鮮の受け取り方が全く違っており、現代でもやっかいな問題になっている。

いずれにしても、このころの日本は唐に朝貢する一方、渤海、新羅、それに隼人や蝦夷から朝貢を受けるミニ帝国を気取っていたから、朝貢している立場を明確にしない新羅より渤海の方が、可愛い存在だったのである。

以上のような各国との関係を整理すると、白村江で敗れた日本は唐については、現実に軍事的な脅威であるので、長安においては朝貢国としての立場を取らざるを得なかったが、国内ではそれを認めず、法制上は「西蛮」のひとつとして位置づけていた。

これは、唐から使いが来ない限りは破綻しなかったが、光仁天皇の時のように本当に使節がやってくると、唐の皇帝の代理としてやってきた使節団長と天皇のプロトコール（外交儀礼）上の上下関係が解決不能になり、東西に対面して座るといったように上下関係を曖昧にするあたりで誤魔化《ごまか》さざるを得なかった。

日本は新羅における領土回復を公式に諦めたことはないが、新羅が朝貢することと、任那の「調」を献じることを要求し続けた。これに対し新羅は、国際情勢を睨《にら》みながらその時々によっては、部分的に日本側の要求を呑んだ。

また、遣唐使が新羅を経由できないことは、航海の安全性を著しく減じ、唐との関係が希薄になる原因となった。だが、新羅商人による民間貿易や旅客の輸送は、政治的な建前から離れ、両国間の潤滑油として機能した。

そんななかで、渤海が朝貢を続けてくれたことは、日本国家にとっては、国内での統一国家としての求心力を確保するためにも、このうえなく有益だった。

そして、隼人、蝦夷についても、服属周辺民族がいるという建前を確保するために使うことが、彼らの風俗などを日本人と同化させて臣民として取り込むより有益であるという思惑があった。

だが、平安時代に入ると、唐は衰退期に入って軍事的な脅威でなくなった。新羅については、七七九年の使節が「調」を献じたことで、ひとつの区切りがついたので、新羅が任那の潜在主権を認めている以上は、とりあえず、放っておこうということになった。

すでに述べたことだが、唐帝国が衰退したのだから、朝鮮半島を取り戻す絶好のチャンス到来だとは、恵美押勝のあとは、誰も考えなかったのである。

一方、隼人については、延暦一九年（八〇〇）には薩摩、大隅両国で班田制が実施されるなど、臣民としての一体化が進んだ。蝦夷についても、桓武天皇が本格的な東北制圧に乗り出すなど、これも蛮族として扱う方針から皇民化が進められ、帝国としての意識は希薄になっていったのである。

遣唐使の廃止と古代の終焉

ウソ　律令体制は貴族や寺社が荘園を創ったので破綻した

本当　国際的な脅威がなくなったのでローコストで安直な体制で間に合わせた

唐は八世紀末の安史（安禄山）の乱を鎮圧したものの、九世紀のなかごろになると各地で反乱が頻発するようになった。
そして唐の政権は、黄巣《こうそう》の乱（八七四〜八七八）で一時、長安を退去するまでとなり、反撃してなんとか回復したものの統一国家の維持は不可能になってきた。そんななかで、唐側からの依頼により寛平《かんぴょう》の遣唐使の派遣が検討され、菅原道真が大使に任命されたが、唐国内の状況を踏まえて派遣が延期されているうちに混乱が深まり、結局、派遣もいつのまにか行われなくなった。

つまり遣唐使の派遣は、明確な形で廃止されたのでなく、自然消滅だったのである。そして、唐帝国は九〇七年に朱全忠《しゅぜんちゅう》が哀帝《あいてい》より禅譲を受けて後梁《こうりょう》を開いたことで滅亡した。その後梁も河南省の開封《かいふう》を中心とした地方政権に留まり、九六〇年の宋の建国まで五代の王朝と華南華中の諸国が並立する五代十国時代に入るのである。

このころには、もはや中国から学ぶべきものもあまりない、軍事的脅威もない、朝鮮半島の領土を取り戻そうという気力もない、東北地方まで皇民化にだいたい成功して国内のフロンティアもない、というないない尽くしの状況になっていたのである。

そうなると、大規模な軍隊を維持する必要もなくなってしまった。中国の新しい制度を取り入れて大改革する必要もなくなったから、統治体制としての中央集権制を維持するメリットもなくなった。つまり、巨大な政府がいらなくなり、税収をそれほど目一杯に求める必要もなくなったのである。

そこで、外交では、渤海を滅ぼした契丹が建国した東丹が朝貢してきたのを断り、高麗が国王のために医師の派遣を求めたのも拒絶するなど、孤立政策を選んだのである。

もっとも、唐代末期から民間交流はむしろ盛んになっていて、その点は江戸時代のような文字通りのほとんど完全な鎖国とは事情は違った。

遣唐使のような公式の国交が強固な時代には、民間の貿易や人事交流は禁止されたりきびしく制限されていた。ところが、そのたが緩んで、民間交流は自由になったのである。

ただ、そうした民間交流では、なかなかレベルの高い文物の交換は難しい。美術品などでも第一級のものは得られにくい。なにしろ、政府からの贈り物だとコストと関係なく最高のものが得られるからだ。

また、留学でも国が質の良い勉学の機会を保証してくれた場合のようにはいかない。現代でも、他国の制度調査などをするといった場合、民間の研究者や学者では運用の実際にまで及ぶ質の高い調査は難しく、プロの官僚が長期滞在し組織を動員して行うほど徹底したものにならないのと同じである。

ローコスト政策と武家の誕生

こうして、国内体制も外交も、そこそこ用が足りるのだから、国の施策はもっぱらローコストを旨とした。荘園制が普及したが、これは、税収を放棄する代わりに、治安維持やインフラ整備などの地域経営もまとめて民間委託するということを意味した。ここで、私兵集団として登場したのが、いわゆる武士である。

国司に対しては、あらかじめ決められた上納金を国庫に納めるなら、好きなように税金を取り使うことが認められた（負名《ふみょう》）。摂関家や皇族も荘園を持って、それで給与の替わりとした。さすがに天皇自身が私領を持つのもいかがかということで考えられたのが院政である。

常備軍はほとんどなくなり、平将門の乱（九三九〜九四〇）のような武士の反乱が起きると、藤原秀郷《ひでさと》のような将門のライバルである武士を官位官職で釣って鎮圧させた。いってみれば、ヤクザを押さえ込むのに別のヤクザを警官に採用することを条件にして釣って押さえ込ませるようなものだ。

やがて京都周辺では最強の武装勢力が、なんと、比叡山《ひえいざん》、園城寺《おんじょうじ》、興福寺《こうふくじ》などの僧兵だという異常事態になった。そこで、それに対抗するために摂関家は清和源氏を私兵として使い、一方で上皇たちは平家を育てたのである。

ところが、そのヤクザのようなガードマンの方が雇い主より強くなって本業まで乗っ取られたのが、源平合戦以降の武士の世の中である。いつの世も目先のコスト重視で無原則な民間委託をするといつか統治機構は壊れるのである。

京都の朝廷や公家たちの最大の武器は官位官職だったが、それとともに、文化の規範を提供するとか、宗教を保護し利用することで彼らの権威は保たれた。源氏物語の主人公である光源氏は太政大臣、つまり、内閣総理大臣だが、その仕事はもっぱら、季節の行事を執り行い文化の規範を示すことだった。

当時もまだ存続していた地方官である国司にしても、あるいは、地方に住みついた貴種は、都の文化を伝えてくれることで有り難がられた。また、都における文化的生活は、地方の人に上京することのメリットを感じさせ続けたのである。

だが、このようなその場しのぎの国家体制は、必然的に世界の文明水準から遅れることと、軍事力の低下をもたらした。

中国ではやがて宋が成立した（九六〇）。宋は軍事的には拡張主義的でなかったから軍事的脅威にはならなかった。経済や産業の方面ではかなりの成果を上げた帝国である。ところが、宋との交流に本当に熱心だったのは平清盛くらいであって、それも民間レベル中心だったから、効率的な文明の受容には成功しなかった。

民間貿易だけでは、最高度の文物や最先端の技術や制度を輸入することには、限界があるというのはすでに書いたとおりだ。

そして、やがてそのツケが回ってくる。宋に代わってモンゴル帝国が中国を制圧したのち、元寇《げんこう》という脅威に日本はまことに貧弱な軍備で立ち向かい、天候などの運の良さがなければ国家滅亡の憂き目にあう寸前までいってしまうのである。

エピローグ～古代の終焉から現代人が学ぶべきこと

日本を中心にした東アジアの古代年表

縄文時代		BC8000	中国で稲の栽培始まる
		BC5000	新モンゴロイド中国へ
		BC3000	水田耕作が始まる
		BC1400	殷が成立する
		BC1107	周が殷を滅ぼす
		BC770	春秋時代が始まる
			孔子が活躍
弥生時代		BC403	戦国時代始まる
		BC221	秦始皇帝の統一
		BC202	漢が成立する
		25	後漢の成立
神武建国		57	奴国王が後漢に使い
孝元·開化?		220	魏呉蜀の三国時代
		239	卑弥呼が魏に使い
10	崇神	265	魏が晋に王朝交替
11	垂仁	280	三国時代終わる
12	景行	316	晋が江南に移る
15	応神	369	倭軍朝鮮半島攻撃
16	仁徳	413	倭王讃が南朝に使節
17	履中	439	北魏が華北を統一
21	雄略	478	倭王武の使節が南朝
23	顕宗?	493	北魏が洛陽に遷都

26	継体	512	任那四県割譲
29	欽明	562	任那が滅亡
32	崇峻	589	隋が中国統一
33	推古	607	遣隋使派遣
		618	隋から唐に交替
34	舒明	630	遣唐使の始まり
38	天智	663	白村江の戦
			百済滅亡
		668	高句麗滅亡
40	天武	676	新羅朝鮮統一
41	持統	690	則天武后即位
43	元明	712	玄宗が即位
46	孝謙	755	安史の乱
50	桓武	804	延暦の遣唐使
54	仁明	838	最後の遣唐使
		845	会昌の廃仏
56	清和	875	黄巣の乱
59	宇多	894	遣唐使を停止
60	醍醐	907	唐が滅亡
		918	高麗建国
		926	渤海滅亡
61	朱雀	935	新羅滅亡

日中韓の交流が低調だった武士の時代

元寇をなんとかしのいだのち、室町時代になると、中国では唐以来の本格的な統一王朝として明《みん》帝国が成立した（一三六八年）。これを受けて、朝廷でなく室町幕府が遣明船を送った。これは屈辱外交ではあったが、経済の発展や文化の受容という意味では、久々の正式の国交ならではの、大きな成果を上げたのである。

ただ、明帝国自身は公式の貿易にはあまり熱心でなく、民間貿易についても中国人を出国禁止にする海禁政策を採るなど、海外との交流にはひどく消極的な王朝で、東アジア諸国は貿易量の不足に困り、それが倭寇《わこう》の跋扈をもたらしたのである。

そんななかで、世界は大航海時代に入り、ポルトガル船が東アジア諸国間貿易においても主たる担い手になった。だが、ポルトガルによる貿易の独占に危機感を持ち、東アジア諸国間の交流拡大を図る体制構築を呼びかけたのが豊臣秀吉だった。

だが、明帝国はその提案を受けなかったので、秀吉は征明を実行することで東アジアの新秩序を創ろうとした。この試みの発想は悪くなかったのだが、具体的なやり方が飛躍しすぎて無理があり、朝鮮王国に迷惑をかけたうえに、秀吉も成果を見ることなく生涯を終え、朝鮮から撤退した。

徳川家康は、外交的得点を稼ぐために朝鮮の代わりに琉球を征服し、一方、朝鮮には第三次出兵をちらつかせつつ、疑似朝貢体制である通信使の派遣で矛を収めた。徳川幕府にとって外交は内政を安定させるための道具に過ぎなかったからそれで十分だったのである。

その後の鎖国と徳川幕藩体制については、『本当は恐ろしい江戸時代』（拙著 ソフトバンク新書）の主題であるが、ひたすら体制の安定だけをめざし、世界の文明の発展に背を向けたもので、現在の北朝鮮に驚くほど似たひどい発想の政策だった。

鎖国といっても長崎、対馬、琉球、蝦夷などには海外に開かれた小さな窓口があったと主張する人たちがいるが、三〇〇年近くにわたって漂流民や例外的に対馬から釜山に行くといった以外は海外渡航もなしで、留学生も当然にゼロ、書籍すらほとんど輸入禁止に等しいといった状態は、愚劣のきわみだった。

もちろん、まったく新しいものが何も入って来なかったわけでないが、東海道の旅は何百年かかっても一日も短縮されず、火縄銃が現役のままで生き続け、産業革命も市民革命も知らないまま黒船来航を迎えたのである。

鎖国の結果は、産業技術や軍事力に大きな格差が出て、危うく欧米諸国による植民地支配を受けるところだったが、尊皇攘夷《そんのうじょうい》という国家の統一と独立を守るための精神運動の成功と、新政府樹立による文明開化を実行することで、難を切り抜けた。

中国の領土主張を歴史から分析する

その後の日本は、そのころの中国などがパートナーとして組むに値する意欲もないことから、世界的な帝国主義的植民地獲得競争に加わり、良くも悪くも列強の一角を占めるに至った。

この流れの中で、朝鮮王国については、日清戦争で白村江の戦いのリベンジに成功し、朝鮮王国を中国の冊封体制から離脱させ大韓帝国として独立させることに成功した。だが、大韓帝国を親日的な独立国家として位置づけるという望ましい状況の構築は、韓国がロシアへの接近を図ったこともあって失敗し、日韓併合（一九一〇年）という形で韓国の独立を奪うことになった。

中国については、満州人に支配された清帝国の崩壊解体過程で十分に国益を守る新秩序が実現できなかった。もともと、漢民族の改革派から日本は好感を持たれ、また、それを民間レベルだが支援してきたはずだった。

ところが、辛亥革命《しんがい》（一九一一年）やその後の国民党の北伐にあたって、日本は欧米列強とともに権益保持を優先させ、とくに第一次世界大戦中には大隈内閣が愚劣な「対華二一か条」の要求を突きつけて対日感情の決定的な悪化を招いた。

また、清帝国の解体過程で、満州族の皇帝が満州に退去するのでなく、紫禁城《しきん》に留まることを選んだことから、新しい中華民国はかつての明帝国の領土だけでなく、中国本土から退去したのちのモンゴル帝国が支配していた満州、モンゴル、新疆《しんきょう》ウイグル地区やチベットまでをその領土とすることになった。

このことは、これらの地区に住む少数民族を満足させるところとはならず、分離運動を発生させ、また、日本やソ連がそれを支援することになった。

そして、第二次世界大戦での日本の敗戦とソ連の勝利の結果としての現状を歴史と関連させつつ説明するとすれば、中国は、抗日戦争での実績を背景に国民党政府に取って代わり、旧明帝国の領土に加え、現実に北京政府が支配している満州（東北部）、内モンゴル、新疆ウイグル地区、チベット地域および、台湾、香港、マカオ、南シナ海の諸島を「歴史的に不可分の中国固有の領土」とする一方、沖縄は日本の一部、朝鮮半島、ベトナムなどは独立国家であると認め、外モンゴルの独立は承認し、かつて清帝国領だったことがあってもロシアなど旧ソ連諸国の領土については返還要求はしないという外交的方針をとっていると分析できる。

一方、朝鮮半島では、敗戦前に日本は統治の受け皿を用意できず、その結果、南部は日韓併合を無効とした三・一運動（一九一九年）のあと上海で設立された李承晩《イ・スンマン》の大韓民国臨時政府の支配下に置かれ、北部は日ソ中立条約を侵犯して侵入したソ連軍の主導のもと朝鮮民主主義人民共和国政府が設立された。

このうち大韓民国政府との間では、日韓併合の合法性については「もはや無効」ということで棚上げし、賠償はしないが経済協力はするという現実的な妥協が成立し、その結果、韓国は世界的な経済強国に成長した。一方、北朝鮮とのあいだでは、拉致《らち》問題もあって、いまだに国交の回復ができていない。

古代史の諸問題は現代につながっている

そうしたややこしい政治問題を抜きにして考えれば、日本と中国は世界で二位と三位の経済大国であり、韓国も一五位まで躍進した（二〇〇九年度、ＧＤＰ比較）。

そんななかで、韓国の躍進のために日本の協力が役立ったのはいうまでもないし、中国については、明治以来、欧米文明の窓口として日本が中国に貢献したところも大きい。中華人民共和国という国名のうち、「人民」も「共和国」も日本人による造語であり、それに限らず、現代中国語には大量の和製漢語が取り入れられていることは日本が誇るべきことである。

現代でも、日中韓の間で、古代にまで遡って対立が生じることもある。ユネスコの世界文化遺産に高句麗王墳を登録する際には、その継承国家は中国か北朝鮮かで両国は対立した。

日韓の歴史認識の差は大きいが、すでに述べたように、天皇陛下が桓武天皇の母が百済王室の関係者だという「ゆかり発言」などは対立感情を著しく改善した。

古代史もまた忘却の彼方にあるのではなく、なお、現実世界と連続性をもってつながっているのである。そうであれば、興味本位に面白ければいいのでなく、真摯な態度で国益を守るための記録として考察しなくてはならない。

そのためには、独りよがりな神懸かりも困るが、安易に外国に媚《こ》びたりするのもよろしくない。なにしろ世界中どこの国も、国際的な理解を得られて、しかも、自国の利益と誇りを最大限に守ることに役立つ歴史観を打ち立てることに生き残りを賭けて戦っているのである。

日本史を東アジア全体の動きのなかで理解することはとても大事だが、中国の立場からの一方的な論理を受け入れることとは別のことである。とくに、自国の史書もよく読まずに、中国の史書に断片的な情報が書かれているだけの邪馬台国がどこだとか、卑弥呼なる女王こそ日本史の始まりなどという興味本位のおかしな歴史のとらえ方をするようでは、尖閣諸島のような問題でも右往左往するのも当然だ。あえていうが、邪馬台国への異常な関心には、中国に対する日本の独立性を危うくさせる陰謀の臭いがする。

さらに、日本が唐帝国の衰退を受けて遣唐使を廃止し、ローコストだが前向きの意欲に欠けた体制に移行していった「古代の終焉《しゅうえん》」の時代を振り返ると、その安直さが現在の日本によく似ているという気がするのも気がかりなことなのである。

◎主な参考文献

『歴代天皇・年号事典』（米田雄介編・吉川弘文館）、『歴代皇后人物系譜総覧』（別冊歴史読本・新人物往来社）、『角川日本史辞典』（高柳光寿　竹内理三編・角川書店）、『日本史諸家系図人名辞典』（小和田哲男監修・講談社）、『日本史要覧』（日本広辞典編集委員会編・山川出版社）、『日本歴史「伝記」総覧』（奈良本辰也、他・新人物往来社）、『全現代語訳　日本書紀（上・下）』（宇治谷孟・講談社学術文庫）、『全現代語訳　続日本紀（上・中・下）』（宇治谷孟・講談社学術文庫）、『神々と天皇の宮都をたどる』（高城修三・文英堂）、『図説　歴代天皇紀』（肥後和男、他・秋田書店）、『歴代天皇　知れば知るほど』（所功監修・実業之日本社）、『旧皇族が語る天皇の日本史』（竹田恒泰・ＰＨＰ新書）、『歴代天皇総覧―皇位はどう継承されたか』（笠原英彦・中公新書）、『歴代天皇事典』（高森明勅監修・ＰＨＰ文庫）、『日本全史』（宇野俊一、他・講談社）、『宮崎県の歴史』（坂上康俊、他・山川出版社）、『日韓交流の歴史～日韓歴史共通教材』（歴史教育研究会　歴史教科書研究会・明石書店）、『古代の皇位継承』（遠山美都男・吉川弘文館）、『「邪馬台国畿内説」徹底批判』（安本美典・勉誠出版）、『葬られた王朝～古代出雲の謎を解く』（梅原猛・新潮社）、『桓武天皇　当年の費えといえども後世の頼り』（井上満郎・ミネルヴァ書房）、『失われた九州王朝―天皇家以前の古代史』（古田武彦・朝日新聞社）、『古代国家と東アジア』（上田正昭・角川学芸出版）、『日本人の起源～古人骨からルーツを探る』（中橋孝博・講談社選書メチエ）、『日本人の源流—幻のルーツをたどる』（小田静夫・青春新書）、『遣唐使』（東野治之・岩波新書）、『日本の古代王朝をめぐる101の論点』（新人物往来社編・新人物往来社）、『なるほど！古事記 日本書紀』（島崎晋・廣済堂出版）、『遺伝子DNA～日本人のルーツを探れ』（NHK「人体」プロジェクト・日本放送出版協会）、『埋もれた巨像—国家論の試み』（上山春平・岩波書店）

このほか、各種百科事典や『日本の歴史』（講談社）など各種の通史、インターネット上の各種ホームページも参考にしたが、『日本の先史を語る会』と『こまきのいせきものがたり』『海上交易の世界と歴史』『未来航路』には触発されるものがあった。

著者略歴

八幡和郎（やわた・かずお）

1951年滋賀県大津市生まれ。東京大学法学部を卒業後、通商産業省（現経済産業省）に入省。フランスの国立行政学院（ENA）留学。大臣官房情報管理課長、国土庁長官房参事官などを歴任後、現在、徳島文理大学大学院教授をつとめるほか、作家、評論家としてテレビなどでも活躍中。『お世継ぎ』（文春文庫）、『歴代天皇列伝』（PHP研究所）などの著書があるなど皇室問題にも詳しい。ほかにも、『本当は恐ろしい江戸時代』『本当は偉くない？ 歴史人物』『坂本龍馬の「私の履歴書」』（いずれもSB新書）、『浅井三姉妹の戦国日記』（文春文庫）など多数の著作がある。

【大活字版】

本当《ほんとう》は謎《なぞ》がない「古代史《こだいし》」

2018年10月15日　初版第1刷発行

著　者：八幡和郎《やわたかずお》

発行者：小川 淳

発行所：SBクリエイティブ株式会社

〒106-0032　東京都港区六本木2-4-5

電話：03-5549-1201（営業部）

編集協力：コーエン企画

装　幀：ブックウォール

本文組版：有限会社アミークス

印刷・製本：大日本印刷株式会社

本書は以下の書籍の同一内容、大活字版です
SB新書「本当は謎がない「古代史」」

ISBN978-4-7973-9957-8